Original illisible
NF Z 43-120-10

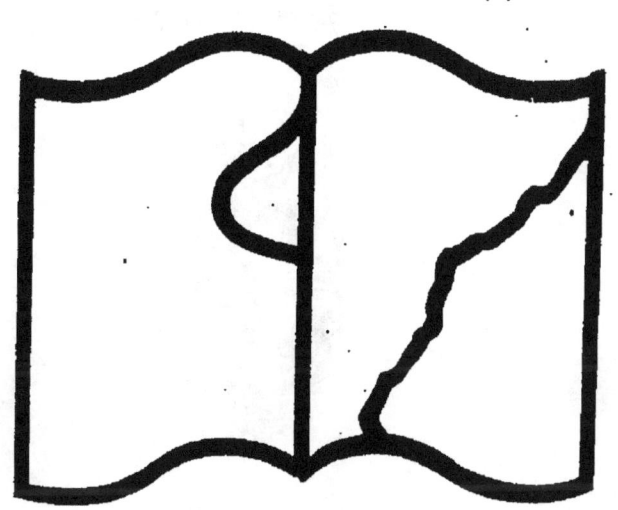

Texte détérioré — reliure défectueuse
NF Z 43-120-11

"VALABLE POUR TOUT OU PARTIE
DU DOCUMENT REPRODUIT".

DICTIONNAIRE

TOPOGRAPHIQUE, HISTORIQUE ET ÉTYMOLOGIQUE

DES

RUES, PLACES, PONTS ET QUAIS

DE LA

VILLE DE METZ

PAR

F.-M. CHABERT

3ᵉ Édition avec Plan.

METZ ET NANCY

CHEZ TOUS LES LIBRAIRES

—

1878

DICTIONNAIRE

TOPOGRAPHIQUE, HISTORIQUE ET ÉTYMOLOGIQUE

DES

RUES, PLACES, PONTS ET QUAIS

DE LA

VILLE DE METZ

A.

Abreuvoir (Place de l'). — De la rue du même nom à la place Chapelotte.

Est ainsi appelée parce qu'elle aboutit au vieil abreuvoir de la rivière de Seille.

Abreuvoir (Rue de l'). — De la place de ce nom à celle de Saint-Louis.

Alger (Rue d'). — De la rue Chèvremont à la rue des Jardins.

A échangé, depuis 1840, son ancien nom grotesque contre la dénomination actuelle, en souvenir de la conquête d'Alger.

Allemands (Porte des). — A l'extrémité de la rue du même nom, qui garde la mémoire de l'établissement des Chevaliers teutoniques ou Frères hospitaliers de Notre-Dame des Allemands.

Porte construite en 1445, restaurée en 1860. C'est un curieux spécimen de l'architecture militaire à Metz, au moyen âge.

Allemands (Rue des). — De la porte ainsi appelée à la place du Pont-Sailly.

Date du treizième siècle.

La principale entrée de l'église Saint-Eucaire était autrefois sur cette rue. Le monument actuel est du quinzième siècle, à l'exception du clocher à baies en plein cintre, qui est caractéristique de la période romane.

Allemands (Rue du Rempart des). — De la rue de la Basse-Seille à la rue Mazelle.

La partie comprise entre la rue des Allemands et le passage derrière l'église Saint-Eucaire avait d'abord été nommée rue *Neuve du Rempart* (1813).

Armée (Rue de la Grande-). — De la rue de la Hache au pont de la place Saint-Simplice.

Ainsi nommée en souvenir de la fameuse armée organisée par Napoléon Ier. Précédemment, *rue des Antonistes*, à cause du couvent qu'y avaient ces religieux.

Armes (Place d'). — Elle est au centre de la Cité.

A l'origine c'était la place devant la *grande Église*.

Place de la Loi (1792).

En 1806, *Place Napoléon*, dénomination qu'elle a dû plusieurs fois quitter ou reprendre, à la suite d'événements politiques. Le peuple la désigne le plus souvent, et à juste titre : *Place de l'Hôtel-de-Ville*. Un arrêté municipal du 1er juillet 1816 lui avait confirmé ce dernier nom.

Statue en bronze érigée à Abraham Fabert[1], l'une des gloires messines les plus pures qui, sorti des rangs plébéiens, s'éleva de grade en grade, par son seul mérite, jusqu'aux premières dignités militaires, dans un temps où elles paraissaient être le partage exclusif de la haute noblesse.

Les paroles admirables suivantes ont été reproduites sur le socle de sa statue :

> *Si pour empêcher qu'une place*
> *Que le Roi m'a confiée*
> *Ne tombât au pouvoir de l'ennemi,*
> *Il fallait mettre à la brèche*
> *Ma personne, ma famille et mon bien,*
> *Je ne balancerais pas un moment à le faire.*

La place, telle qu'elle existe, fut commencée en 1754, par ordre du maréchal de Belleisle. L'auteur de sa décoration est l'architecte Blondel.

L'Hôtel-de-Ville, entrepris en 1769, a été entièrement achevé en 1771.

Siége de l'administration militaire dans le pavillon à l'extrémité de la place.

---

[1] Né à Metz, le 11 octobre 1599, mort à Sedan, le 17 mai 1662.

Arnould (Rue Saint ou rue Sous Saint-). — Des rues du Moyen-Pont et de Sainte-Marie à la rue de la Garde, au moyen d'un escalier pratiqué en 1755. Conserve la mémoire de l'illustre abbaye royale de Saint-Arnould, transférée dans l'intérieur de la ville, lors du siége de 1552. Elle portait auparavant le nom de *rue sous les Hauts-Prêcheurs*. On l'avait appelée jadis *rue d'Anglemur* à cause de la jonction en cet endroit d'anciens murs d'enceinte.

Arsenal (Quai de l'). — De la rue Paixhans à la rue du Pont Saint-Georges.

Est ainsi désigné du nom du vaste dépôt d'artillerie auquel il aboutit.

Anciennement appelé le *Rhinport* ou *port du Rhin*, aujourd'hui vulgairement *quai des Juifs* ou *quai de la Moselle*. En 1493, le célèbre chroniqueur Philippe Gérard, natif de Vigneulles, près Metz, y tint boutique de chaussetier.

Arsenal (Rue de l'). — De la rue des Jardins à la rue Paixhans.

Autrefois la *rue des Juifs*.

Beau temple construit en 1848, écoles et hospice israélites.

Asfeld (Rue d'). — Du quai de la Haute-Seille à la place Saint-Thiébault.

A retenu le nom du maréchal Claude-François Bidal, marquis d'Asfeld, le continuateur de Vauban, mort en 1743.

Rue de l'Ambulance, lorsque le grand séminaire eut été converti en hôpital (1794).

Elle a été formée, en 1740, la plus grande partie, sur l'emplacement des murs de rempart et des fossés établis de ce côté de la ville.

Grand Séminaire. — Arsenal du génie.

Augustins (Rue des). De la place Saint-Nicolas à la place Saint-Thiébault.

Cet endroit, ancien *passage du Cerisier*, rappelle le souvenir de l'établissement des Augustins dont l'arrivée à Metz est placée, par une chronique, vers l'an 1260.

Avold (Rue Vigne Saint-). — De la place des Charrons à la place Mazelle.

Tire son nom d'un terrain, jadis planté en vigne, sur lequel elle est assise et qui appartenait à l'abbaye de Saint-Avold. Le débouché sur la place Mazelle date de 1740.

B.

Baue (Rue de la). — De la rue Mazelle à la rue du Rempart des Allemands.

Baue, mot patois qui signifie fosse.

D'abord ruelle sans issue sur le rempart.

C'était par le passage de la Baue que l'on transportait les corps dans le cimetière de Saint-Maximin.

Belleisle (Rue de). — De la place du Pont des Morts à la rue du Pontiffroy.

Formée en 1737 par les ordres de C.-L.-A. Foucquet de Belleisle, gouverneur de Metz.

Primitivement *rue du Rempart Belleisle*.

Direction de la douane établie dans les bâtiments de l'ancienne manufacture des tabacs.

Temple protestant en construction.

Bénédictins (Rue des). — De la rue du Pont-Moreau à la rue de Belleisle.

A été ouverte la même année que la précédente, sur des terrains qui appartenaient aux deux abbayes bénédictines de Saint-Vincent et de Saint-Clément.

Bibliothèque (Place de la). — De la rue du même nom à la rue du Haut-Poirier.

Elle est située devant la Bibliothèque de la ville, établie en 1811, dans l'ancienne église des Petits-Carmes, dont le couvent avait remplacé le collége des Jésuites installé lui-même dans les bâtiments des abbayes de Saint-Eloy et de Sainte-Croix.

Bibliothèque (Rue de la). — De la rue Chèvremont à la rue des Trinitaires.

Autrefois *rue St-Eloy, rue des Petits-Carmes ou des Barrés*, à cause des vêtements de ces religieux. A la suite de la Bibliothèque publique[1], sont les collections d'histoire naturelle, le musée des tableaux, la galerie archéologique, la salle de réunion et le cabinet des archives de l'Académie.

---

[1] Elle possède un exemplaire du premier ouvrage imprimé à Metz, en 1480.

L'Hospice de la Maternité a été créé dans une dépendance qui appartient aussi à la Ville et se trouve contigu au temple des Protestants.

Vis-à-vis est l'impasse *Cour-aux-Poules*.

Blé (Rue au). — De la rue du Palais à l'une des entrées du marché couvert.

Ainsi nommée à cause du marché et des anciens dépôts de blé tenus en ce lieu.

Halle à la viande sur le terrain d'une ancienne église dite paroisse royale de Saint-Victor et de son cimetière, qui avaient remplacé un temple romain dédié à la Victoire.

Bonne-Ruelle (Rue de la). — Communication entre la rue Serpenoise et la rue des Clercs.

Son nom rappelle le peu de largeur que ce lieu avait alors qu'il servait de passage seulement aux piétons.

Boucherie (Rue de la Petite-). — De Fournirue au Pont-Sailly.

En cet endroit était l'une des cinq boucheries établies dans l'intérieur de la ville.

Boucherie Saint-Georges (Rue de la). — De la place des Maréchaux à la rue du Pont Saint-Georges.

Boucherie Ventôse, en 1793.

Boulangers (Rue des Trois-). De la rue de l'Evêché à la rue Saint-Gengoulf et à la place Saint-Martin.

Cette dénomination vient sans doute de ce que la

plus grande partie de son emplacement était occupée par trois boulangeries.

Braillon (Rue). — De la rue du Pontiffroy à l'une des casernes de Chambière.

Ce nom est-il synonyme de *bruit* ?

De vieux titres portent : *Baillon.*

C.

Cambout (Rue du). — De la rue de la Gendarmerie au quai de la Haute-Seille.

La reconnaissance publique lui a donné le nom patronymique du bienfaisant évêque de Coislin (Henry-Charles du Cambout).

Capucins (Rue des). — De la place des Maréchaux à la rue du Paradis.

Ainsi apppelée parce qu'elle passe devant l'ancien couvent des Capucins, naguère encore transformé en jardin botanique.

Lavoir et bains publics.

Église bâtie sur la fin du treizième siècle, à la place d'un oratoire que sainte Ségolène avait fondé, et précédée d'une cour avec portail extérieur appartenant à la bonne architecture ogivale.

Cathédrale (Place de la). — De la rue d'Estrées et de la place d'Armes, d'une part, et, de l'autre, aux rues de la Cathédrale et du Commerce.

A reçu le nom de l'église métropolitaine [1], devant

---

[1] Primitivement appelée l'*église Saint-Etienne* (premier martyr) ou la *grande église*, ou encore le *grand Moustier* (monastère).

laquelle elle a été formée sur le terrain occupé par l'ancien Palais épiscopal ou Evêché.

La Cathédrale est un édifice gothique que sa hardiesse, sa solidité et son élégance placent au rang des chefs-d'œuvre de ce genre.

Toiture complètement brûlée le 7 mai 1877 à la suite de pièces d'artifices tirées sur la galerie pendant le séjour de l'empereur d'Allemagne.

Très-beau marché couvert.

Cathédrale (Rue de la). — De la rue de la Pierre-Hardie à la place de la Cathédrale.

Elle porte le nom de la place à laquelle elle aboutit.

Cerf (Rue du Grand-). — De la rue du Quarteau à la place Coquotte.

Petite rue aux Gournay, nom d'une illustre famille [1].

Sa dénomination actuelle lui vient d'une enseigne.

Chambière (Place). — De la place de la Tour aux Rats à la porte Chambière.

Bâtiment de la manutention ou boulangerie militaire.

Chambière (Porte). — Elle conduit à l'abattoir de la ville, au polygone d'artillerie, au pont suspendu sur la Moselle entourant l'île Chambière, et à deux cimetières contigus dont l'un est réservé aux inhumations du culte israélite.

[1] La porte d'entrée de son hôtel sur la rue du Grand-Cerf (maison numéro 9) existe encore.

Chambière (Rue). — De la rue du Pontiffroy à la porte Chambière.

La tradition lui a donné le nom qu'elle a conservé jusqu'aujourd'hui, parce que c'était le chemin aboutissant aux champs de repos ou champs d'asile. C'était le grand cimetière de la ville : *le champ de bières*.

Hôpital de Notre-Dame de Bon-Secours, fondé en 1698.

Chambre (Place de). — Des rues du Faisan, de Saint-Louis et du Pont des Roches, d'une part, les rues d'Estrées, du Vivier, des Piques et du Pont de la Préfecture, d'autre part.

L'origine de son nom est rapportée en ces termes dans le manuscrit 128 de la Bibliothèque messine :

« Les Templiers qui residoient ou est la citadelle ayant eté exterminés en vertu de l'ordonnance du concile general de Vienne tenu en 1311, leurs biens furent partagés aux chevaliers de ste Elisabeth de Hongrie et aux chevaliers de st Jean de Rhodes nommés depuis chevaliers de Malthe. On batit deux prieurés ou commanderies pour ces deux ordres, l'un proche les murs de la ville, et l'autre dans l'un des trois chateaux de l'ancienne fondation de Metz. Ce dernier fut erigé en Chambre pour toute la province de par deçà, c'est à dire en un lieu ou les commandeurs et chevaliers s'assembloient pour tenir leurs chapitres generaux, c'est pourquoy ce lieu situé au bas de l'eglise cathédrale s'appelle encore la *place de Chambre*. »

C'est sur cette place qu'avaient lieu les mystères[1], représentations de spectacles publics, où petits et grands venaient gratuitement prendre plaisir. Les ecclésiastiques eux-mêmes participaient à ces divertissements, soit en composant les pièces dont les sujets étaient religieux, soit en se cotisant pour la mise en scène, soit en remplissant les principaux rôles.

Sur la place de Chambre et la place du Change, se tenaient, au quinzième siècle, trois marchés, par semaine, de vins et de céréales dans les halles de ces deux endroits.

La place de Chambre est irrégulière ; elle a perdu le grand mouvement d'activité qui s'y faisait, lorsque les voitures des messageries y étaient établies.

Champé (Rue du). — De la place du Pont-Sailly à la place de Grève.

Originairement endroit bas, humide, situé le long de la Seille qui manque de pente et a des rives très-basses.

Le *Champé* ou *Champel* passe pour le second quartier que les Juifs, tolérés à Metz, aient habité (quatorzième siècle). Il y avait le *grand* et le *petit*

---

[1] Quelquefois aussi et d'abord sur la place du Change (maintenant place Saint-Louis).

Ce fut sur cette dernière que fut représenté, le 14 septembre 1412, le *Jeu et Révélation de l'Apocalypse à st-Jean*, le premier de ces essais dramatiques que mentionnent les chroniques.

La place du Change étant insuffisante pour recevoir l'assistance à ce genre de spectacle, le 24 août 1480, on joua, place de Chambre, le miracle de St-Michel.

Champé, d'où plus tard la rue du Champé et la rue du Petit-Champé.

Une des plus anciennes familles s'étant fixées au quartier, dit le *Champel outre Seille*, en prit le nom [1]. Colin de Champel, du Paraige du Commun, époux de dame Jeannette, fut père de Henriot ou Henry Ier de Champel dit Roucelz [2], aussi du Commun, et maître échevin au commencement du quatorzième siècle, de qui la maison Roucelz est descendue.

Chandellerue. — De la rue des Prisons militaires à la rue du Neufbourg.

Anciennement on écrivait *Chauvelureue*, *Chauelurelle*. Il y avait en cet endroit un petit cours d'eau où on lavait le linge de peu de valeur ou usuel (*Chaulurelle*).

Par corruption on a fait du mot en vieux langage, le nom moderne de Chandellerue, comme si ce quartier était assigné aux fabriques de suif et de chandelles.

Rue des Lavandières (blanchisseuses).

Change (rue du). — De Fournirue à la place Saint-Louis.

Les changeurs y avaient boutique : il se faisait à Metz un commerce considérable de conversion de monnaies. Les changeurs tenaient à cet effet des bureaux qu'on appelait *tables*, et constituaient une corporation ayant pour chef un maître annuel.

---

[1] Les Messins se distinguaient volontiers en prenant le surnom du quartier qu'ils habitaient.

[2] A cause de la couleur rousse de ses cheveux.

Chapelotte (Place). — De la rue Coislin à la place de l'Abreuvoir.

Conserve le souvenir d'une petite chapelle bâtie à côté du premier hôpital fondé pour recevoir les femmes en couche.

Chaplerue. — De la rue Serpenoise à la place Coquotte.

Autrefois *Chapellerue.*

Doit son nom au voisinage des chapelles du Saint-Esprit et de Clairvaux, celle-ci devenue ensuite église du monastère dans laquelle le public avait entrée sur cette rue.

Bâtiment ancien, propriété de la ville [1].

Chappé (Place). — Aboutit à la rue de la Chèvre.

Est désignée, dans de très-anciens parchemins, sous la dénomination de *place à Porsaillis*. Elle était formée par plusieurs hôtels des familles de Laître [2], d'Epinal et de Raigecourt ; une branche de cette dernière dite *Xappel* ou *Xappey*, lui laissa son surnom.

[1] Le 15 mars 1514, l'abbesse et prieure de Clervaux a cédé à titre d'échange, à l'hôpital St-Nicolas, la grange à côté du St-Esprit, et le 19 du même mois, ceux dudit hôpital ont vendu à la cité, pour 344 livres messines, ladite grange et les deux greniers au-dessus, le jardin derrière et ce qui en dépend, situés à la place Faucatte (Coquotte), à l'entrée de Chapellerue, du côté de l'église de Clervaux, d'une part, et l'église St-Esprit, d'autre. (Inventaire des titres de la Ville de Metz.)

[2] La maison de Jacques de Laître fut le premier hôtel acquis par la compagnie de Ville-Franche (1408-1422).

Charles (Rue Saint-). — De la rue Coislin à la rue du Cambout.

Porte l'un des prénoms du généreux évêque de Coislin.

Charrons (Place des). — De la rue Mazelle, d'une part, aux rues Vigne Saint-Avold et Pont à Seille, d'autre.

Rue des Charies dans les vieux titres.

Compte parmi les lieux qui tirent leur nom des corporations d'état auxquelles étaient autrefois assignés certains quartiers.

Place des Sans-Culottes en 1793.

Châtillon (Rue). — De la place Sainte-Glossinde aux rues du Rempart Saint-Thiébault et du Rempart Serpenoise.

D'abord *rue neuve Saint-Gengoulf*.

Etablie sur les anciens remparts de la tour Serpenoise (1739), elle doit son nom à la maison de refuge que l'abbaye de Châtillon y possédait. Cette maison avait été acquise par la Ville, en 1778, pour servir de logement au premier président du parlement. Elle est aujourd'hui la propriété du couvent du Sacré-Cœur dont le siége est à la Basse-Montigny.

Chèvre (Rue de la). — De Fournirue aux rues des Parmentiers, du Grand-Cerf et à la place Coquotte.

Originairement *rue des Gournay*.

Rue très-ancienne, tire son nom actuel de son

ancien escarpement, que des travaux successifs ont réussi à faire disparaître.

Une auberge voisine avait gardé longtemps pour enseigne : une chèvre.

Eglise moderne dédiée à Notre-Dame de l'Assomption, construite sur une partie d'un temple protestant, par des membres de la Compagnie de Jésus qui tenaient un collége dans les bâtiments voisins.

Du côté de la place Chappé, maison avec porche rentrant ayant été le siége du tribunal de commerce, après avoir servi de deuxième hôtel aux gais *Frères-Maîtres de la Société de Ville-Franche*.

L'établissement typographique de C.-M.-B.-Antoine, le dernier de cette famille qui ait exercé la profession d'imprimeur à Metz, pendant près de deux siècles, était situé rue de la Chèvre. Il fut incendié en 1801.

Chèvremont (Rue). — De la rue de la Boucherie Saint-Georges à la rue du Haut-Poirier.

Son nom rappelle la raideur très-prononcée de cette colline avant que d'immenses travaux en eussent adouci la pente.

Le palais des rois d'Austrasie s'étendait jusqu'à la rue Chèvremont, et une de ses issues s'ouvrait sur ce passage montueux.

Grenier de la ville établi dans les étages des bâtiments à créneaux construits au seizième siècle.

Bureaux de la *Caisse d'épargne et de prévoyance*, ainsi que du *Mont de Piété*, placés dans le pavillon voisin contigu à la Bibliothèque de la ville.

Maison n° 20, habitée, au seizième siècle, par l'habile peintre verrier Valentin Bousch, qui y avait ses fourneaux, et, au dix-huitième, par P.-L. Rœderer, célèbre avocat : le fils de ce dernier, qui s'est élevé aux plus grands honneurs, y naquit le 15 février 1754.

Habitation n° 10, connue sous le nom de *maison du Serpent*.

Clément (Rue Saint-). — De la rue des Bénédictins à la rue du Pontiffroy.

Ouverte sur des terrains appartenant aux religieux de l'abbaye de Saint-Clément.

Clercs (Rue des). — Des rues du Palais, Fabert et Petit-Paris, d'une part, à l'Esplanade et à la rue du même nom, d'autre.

Primitivement *rue le Voué en l'Aulne.*

Au commencement du quatorzième siècle, Nemmery (Nicolas) Baudoche, grand aumônier de la cathédrale, acheta l'hôtel alors abandonné du voué de Metz, avec le terrain situé derrière et nommé la place de Nexirue. Cet ecclésiastique installa l'aumônerie dans ce bâtiment, et fit construire, à côté, une chapelle d'abord dédiée à saint Nicolas, patron de son fondateur, ensuite à sainte Reinette, dans laquelle il créa treize bourses pour servir de titre de cléricature à autant de pauvres clercs.

Depuis, la rue prit la dénomination qu'elle retient encore à présent.

Elle fut dite *rue Marat*, du nom du fougueux

révolutionnaire assassiné par Charlotte Corday, le 13 juillet 1793.

Plusieurs habitations reposent sur des constructions romaines, particulièrement celle ayant le n° 17.

L'imprimerie des Collignon, après deux cents années d'existence, existait encore dans la famille de ce nom [1] : les ateliers occupaient alors la maison de la rue des Clercs, n° 2. Celle-ci a été reconstruite pour y loger le *Cercle de la Réunion*.

Le premier essai de pavage en quartzite de Sierck, a été fait par l'ingénieur des ponts et chaussées, Arnold, dans la rue des Clercs, qui était classée comme route royale. En 1824, la Ville a adopté ce nouveau mode de pavage, reconnu supérieur aux pavés employés jusqu'alors.

Cloutiers (Rue des). — De la rue sur les Murs à la rue de la Glacière.

Quartier affectionné autrefois par les fabricants qui lui ont laissé leur nom.

Coislin (Place). — Est comprise entre les différents corps de casernes pour l'infanterie construites aux frais du digne évêque, sur l'emplacement du Champ à Seille, dont il est si souvent question dans l'histoire de Metz — République.

L'empereur Charles IV, accompagné de l'impératrice et d'une cour des plus brillantes, y publia, le

---

[1] Pierre Collignon, élève et gendre de l'imprimeur messin Claude Félix, lui avait succédé en 1646. Augustin céda l'établissement bi-séculaire en 1846.

jour de Noël 1356, les sept chapitres additionnels à la *Bulle d'or*.

Coislin (Rue). — De la place du Quarteau à celle de la Chapelotte et à la rue Saint-Charles.

Cette rue, avec cette dernière et celles de Saint-Henry et du Cambout, forment l'encadrement des casernes et ont reçu leurs dénominations en conformité d'une ordonnance de l'Hôtel de ville du 8 juin 1731. Ces casernes viennent d'être restaurées.

La maison n° 8 de la rue Coislin a conservé un dernier spécimen des arcades du vieux Champ à Seille.

Au-dessus de la fontaine adossée contre le mur des casernes, se lit un renouvellement du vœu de gratitude des citoyens de Metz envers la mémoire de M. de Coislin.

Comédie (Place de la). — De la place de la Préfecture aux ponts des Roches et Saint-Marcel.

Ainsi appelée parce qu'on y a élevé le Théâtre. Square avec château d'eau.

Autrefois terrain fangeux sur lequel se trouvaient des chantiers et des magasins de bois. On le nommait alors le *Grand Saulcis*, parce qu'il était planté en saussaie, de manière à protéger les nombreuses levées de terre, destinées à arrêter la Moselle.

Pavillon de Saint-Marcel, habité par deux commandants militaires: maréchal V.-F. duc de Broglie et F.-C.-A. marquis de Bouillé (1771-1790). Le général Lafayette y descendit. Ce pavillon est maintenant la propriété de plusieurs particuliers.

Place de l'Égalité en 1793.

Joli quinconce planté d'arbres, terminant la place de la Comédie, du côté du Moyen-Pont, et auquel on a donné, malicieusement, le nom de *Jardin d'Amour*.

Commerce (Rue du). — De la place Saint-Jacques à celle de la Cathédrale.

Livrée au public en 1825.

Coquotte (Place). — De Chaplerue à la rue de la Chèvre.

Ce mot provient par corruption de Falcon ou Faucon, dont on fit Faccol, Facatte, puis Facotte, enfin Coquotte.

La *grant maxon Faccol* était possédée par la famille du même nom, une des plus anciennes de la Cité.

La maison avec chapelle du Saint-Esprit, située place Facotte où était une hôtellerie sous l'enseigne du Cheval Blanc, joignait, d'une part, une grange appartenant à la ville, et, de l'autre, la rue des Parmentiers ; elle dépendait de l'hôpital du Saint-Esprit de Besançon (1573).

Croix (Place Sainte-). — Des rues Taison, de la Fonderie et Jurue, d'une part, et de l'autre, à la rue du Haut de Sainte-Croix.

Suivant la tradition, le signe de la Croix avait été érigé très-anciennement sur le haut de la colline qui a retenu ce nom, et qui se serait trouvé naturellement indiqué de cette manière pour la construction de l'église. La vie de saint Arnould, écrite par un de ses contemporains, apprend que l'église de Sainte-Croix, au dedans des murs, existait dès le commencement du septième siècle (*Vita Arnulphi episc. Mett.* Bolland, XVIII Jul., t. IV, p. 436).

Reste de l'ancien hôtel de la *Bullette* [1], à la jonction de la place et de la rue de la Fonderie. Dans la deuxième moitié du quinzième siècle, cet hôtel fut converti en prison et s'appela la *maison de la ville* ou du *doyen*.

Le pavé de la place Ste-Croix est à 189 mètres 62 au-dessus du niveau de la mer ; le climat de la ville de Metz est un des moins excessifs parmi ceux qui se trouvent sous la même latitude. C'est ce que prouvent les observations de température que l'on a faites avec régularité depuis 1825. Le 3 août 1826, le thermomètre placé à l'ombre et garanti du rayonnement des objets environnants, s'est élevé à 36° 10 centigrades. La température la plus basse a eu lieu le 31 janvier 1830 ; le thermomètre est descendu à 20° 1/2 au-dessous de zéro. Le parcours total thermométrique comprendrait donc 56° 60.

Place de la Montagne, en 1792.

Croix (*Rue du Haut de Sainte-*). — De la place Sainte-Croix à la rue des Trinitaires.

---

[1] L'impôt de la Bullette était le droit d'enregistrement perçu sur les actes concernant la mutation, la jouissance ou l'engagement de la propriété immobilière

C'est le point culminant de Metz.

Philippe de Raigecourt avait son hôtel sur la hauteur de Sainte-Croix : l'empereur Charles-Quint y logea lors de son premier voyage (1540).

Portail conservé de l'ancienne église des religieuses de Sainte-Elisabeth, convertie en magasin privé.

Croix outre Moselle (*Place*). — La rue du Pontiffroy de part et d'autre.

Cette place a été formée sur un terrain de l'île Moselle, au delà du bras intérieur, d'où elle a tiré une partie de son nom ; une croix érigée en cet endroit l'a complété.

Une vaste auberge, connue sous le signe de la *Grande Croix d'or* et qui fut longtemps en renommée, se trouvait proche de la croix d'Outre-Moselle.

Des habitations ont remplacé, à partir de 1798, l'église successivement sous le vocable de saint Polyeucte et de saint Livier, celui-ci *benoît martyr messin*.

E.

Écoles (*Rue des*). — De la rue Taison à Jurue.

Anne d'Autriche avait établi en ce lieu une maison royale de charité dite la *Charité du Bouillon* (1662) : de là le nom de *rue de la Charité* donné à cette communication.

Le bâtiment central des écoles de la ville y a été construit de 1841 à 1842 [1]. En creusant les fondations,

[1] Metz, à bon droit, peut être fière de ses écoles.

on a trouvé une main antique en bronze doré et un pied de biche en bronze, d'origine romaine.

Enfants (Rue des Bons-). — De la rue de la Tête-d'Or à la rue Cour de Ranzières, d'une part, et de l'autre, à la place Chappé et à la rue de la Chèvre.

C'est dans cet endroit qu'avait été fondée, au treizième siècle, la confrérie des pauvres, mais joyeux écoliers, *boni pueri*, d'où *bons enfants*.

On y a découvert des traces de bains romains (1769) et des débris d'un aqueduc d'origine semblable (1858).

Enfer (Rue d'). — De la rue de la Fonderie à Jurue.

Autrefois ruelle fermée. Les personnes de basse condition étaient contraintes d'y loger pendant la huitaine franche de leur retour.

On y découvre des vestiges de la première synagogue que les Israélites aient eue à Metz.

Épaisse Muraille (Rue de l'). — De la rue du Champé à la rue Gisors.

Une partie de la vieille et épaisse muraille qui a laissé son nom au terrain voisin, existe encore. Cette construction, placée en arrière de la deuxième enceinte de Metz, depuis l'extrémité de *Rhinport* (pont des Grilles) jusqu'au pont de la Grève, avait pour but d'éviter les surprises que les basses grilles de la rivière et la proximité de la hauteur de Belle-Croix rendaient plus faciles sur ce point que sur tout autre de la place, avant que les fortifications actuelles eussent été élevées.

Ecoles primaires de garçons et de filles. Dans l'angle du mur du côté de la place de Grève, statue moderne de la Vierge, posée dans une niche sculptée.[1]

Esplanade (Rue de l'). — De la rue de la Haute-Pierre à la Place St-Martin.

Son nom est expliqué par le voisinage de la magnifique promenade, dite *l'Esplanade*.

Était jadis appelée rue du *Rempart de la Citadelle* ou simplement *rue de la Citadelle*.

Prolongée, en 1818, du côté de la place Saint-Martin, sous le nom particulier de *rue Neuve de l'Esplanade*, supprimé aujourd'hui.

Estrées (Rue d'). — De la place de la Cathédrale à celle de Chambre.

Retient le nom du maréchal Louis-César Le Tellier, duc d'Estrées, gouverneur de Metz (1761-1771), sous l'administration duquel cette rue a été percée. Fut d'abord appelée *rampe de la Cathédrale*.

Étienne (Place Saint-). — De la voûte sur la rue d'Estrées à la place de Chambre à laquelle on descend par un double escalier de pierres.

Porte le nom de saint Étienne, premier martyr,

---

[1] En 1818, il y avait un Christ finement ouvragé dont le travail, à la fois naïf et inspiré, rappelait les jours qui séparent le Moyen-Age de la Renaissance. Sous le Christ avait été placé une Vierge, plus naïve encore, la main droite portant une crosse.

A certaines époques de l'année, l'image actuelle de la Vierge est pompeusement parée, et, devant elle, des cierges ardents sont pieusement entretenus, selon l'antique tradition.

patron du diocèse. Etait précédemment appelée *Pâté de la Cathédrale*, à cause de sa forme arrondie.

Elle fut dite le *Parapet*, en 1795.

Étienne (Rue Saint-). — De la rue Mazelle aux rues aux Ossons et Vigne Saint-Avold.

C'est l'ancienne *rue Léchebarbe* ou *Lachebarbe*; elle a été depuis nommée *rue Saint-Etienne*, en souvenir de son ancienne église dédiée à saint Etienne, pape et martyr.

Eucaire (Rue Saint-). — De la place au Lièvre à la rue du Rempart des Allemands.

Précédemment *rue Derrière Saint-Eucaire*, à cause de la position qu'elle occupe par rapport à l'église sous le vocable de ce martyr, qui était originaire de la ville de Toul.

Évêché (Rue de l'). — De la rue de la Tête-d'Or à la place Sainte-Glossinde, sur laquelle donne la façade de la demeure épiscopale.

La rue de l'Evêché a été formée de la rue ouverte dans le prolongement de celle de Clairvaux, de cette dernière, des rues des Prêcheresses et de la Crête. (Arrêté du maire du 30 août 1854, approuvé le 1er septembre de la même année.)

Pierres tumulaires avec inscriptions et débris de sculpture ancienne (rue de Clairvaux). — Église des Prêcheresses bâtie sur les restes de l'ancien château des évêques de Metz, appelé la *Cour de Vic*, maintenant convertie en remise et grenier à fourrages. A côté, école municipale et maison léguée à la Ville par M. Monard, docteur-médecin, en même temps que son herbier et ses autres collections d'histoire naturelle (ancienne *rue des Prêcheresses*). — Maison des sœurs de Sainte-Chrétienne, avec une charmante chapelle, à l'extrémité de la rue de l'Evêché, du côté de la place *(rue de la Crête)*. — Maison rue de l'Evêché, 61, propriété des notaires de l'arrondissement.

F.

Fabert (Rue). — De la rue des Clercs à la place d'Armes.

A reçu, en vertu d'un arrêté municipal du 13 novembre 1846, le nom d'Abraham Fabert, cet illustre soldat magistrat qui résume toute l'histoire de la bourgeoisie messine, active, industrieuse, indépendante et guerrière, aussi brave sur le champ de bataille qu'honnête dans ses traités, bourgeoisie qui lutta cinq siècles contre l'envahissement des grandes puissances.

Cette rue a été formée de la réunion des rues de la *Tappe* ou des *Grandes-Tappes* et de la *Vieille-Tappe* ou des *Petites-Tappes*, ou encore de la *Croix de fer*, du voisinage d'une enseigne.

Une coutume, très-anciennement pratiquée, avait donné lieu à la dénomination de la rue de la Tappe. Chaque année, au jour de la fête de saint Martin, des jaugeurs jurés de la ville se rendaient en face de la place Saint-Jacques, à l'angle de la rue actuelle du

Commerce, et publiaient que le prix de la hotte de vin, *pour payer le cens*, était fixé à tant, par ordre de M. le Maître Echevin et de son Conseil. C'est ce qu'on était convenu d'appeler la *Tappe du vin*. Les jaugeurs chargés de remplir cet office étaient nommés *jaugeurs tappiers*, ou simplement les *tapenards*.

Le marché aux vins, dit communément la *Tappe*, a été supprimé par décision du 15 mars 1806.

Faisan (Rue du). — De la place de Chambre aux rues de la Pierre-Hardie, de Sainte-Marie et de la Paix.

Ainsi nommée à cause d'une faisanderie en réputation qui s'y trouvait installée depuis longtemps. L'hôtel voisin avait pour enseigne un faisan ; il était de tradition qu'il était très-confortable et que l'on y vivait à bon marché.

Précédemment rue du *Poids de la Laine*.

Ferroy (Rue Saint-). — De la rue Marchant à la rue de l'Arsenal.

Tire son nom de la chapelle, plus tard église paroissiale sous l'invocation de ce saint.

Appelée aussi *rue des Sœurs Collettes*, après que ces religieuses s'y furent établies (1563).

Entre les maisons numérotées 17 et 19, ancien passage désigné sous la dénomination de *ruelle aux Foins*.

Fèvres (Place aux). — Devant la rue Serpenoise.

Elle doit son nom aux ouvriers façonnant le fer,

dont une partie avait obtenu d'occuper des étaux en cet endroit.

La corporation des Fèvres était l'une des dix soumises à la juridiction du *grand maître des métiers ;* la création de cette charge était déjà ancienne en 1335.

Fleurette (Rue). — Ce n'est, à proprement parler, qu'une impasse sur la rue du Pontiffroy.

Ruelle autrefois appelée *sans chief* (sans bout).

Ce nom doit-il être attribué à un souvenir champêtre, ou bien à certains divertissements qu'on avait coutume de venir prendre dans des cabinets ou popines établis exprès en ce lieu ?

Fonderie (Rue de la). — De la rue sur les Murs à la place Sainte-Croix, en passant devant les rues des Récollets et d'Enfer.

Conserve le souvenir de l'ancienne fonderie.

Metz est une des premières villes qui ont fait usage de l'artillerie. Elle avait un matériel considérable déposé dans les granges ou arsenaux de la Cité ainsi qu'aux châteaux-portes et dans les tours des métiers. Une compagnie de couleuvriniers bourgeois, soumis à une discipline particulière, concourait avec les maîtres canonniers à la défense des remparts.

Ecole municipale et salle d'asile.

Vis-à-vis, chauffoir pour les veillards secourus par la *Société de la Charité fraternelle.* — *Association des jeunes ouvriers* se réunissant dans le local encore désigné, *la Fonderie*.

Fontaine (Rue de la). De la place Saint-Nicolas à celle du Quarteau.

Doit son nom à la fontaine adossée à l'hôpital Saint-Nicolas ; c'est la plus ancienne fontaine connue à Metz.

Hôtel de la célèbre famille de Heu, ensuite du comte de Montgommery, acheté par la reine Anne d'Autriche pour y établir le séminaire de la Mission appelé de son nom, *séminaire Ste Anne* (1661).

Fontaine Saint-Jacques (Rue de la). — De la place aux rues Serpenoise, de la Tête d'Or et du Petit-Paris.

A pris le nom de la fontaine voisine de la place *Saint-Jacques*.

Fort-Moselle (Place du). — Devant le rempart de la porte de France.

Par arrêté municipal du 13 novembre 1846, le nom de *place du Fort* a été donné au terrain qui longe le rempart de la porte de France, à l'extrémité de la rue de Paris, à droite et à gauche de cette rue.

Place de la Révolution, en 1793.

Four du Cloître (Rue du). — De la place d'Armes et des rues du Vivier, des Jardins et du Haut-Poirier [1] à la rue Taison.

---

[1] La communication derrière le corps de garde de la place d'Armes faisant suite à la *rue du Four du Cloître* ou simplement *rue du Cloître*, a pris, en 1846, le nom de cette dernière rue comme en étant la continuation.

Une portion du cloître des chanoines de la cathédrale, avant d'être démolie, servait déjà de passage public. On nommait ce passage le *Four du Cloître,* apparemment à cause de la bassesse de sa voûte. Le vieux cloître occupait l'emplacement sur lequel a été ouverte la rue qui porte son nom.

Fournirue. — De la place d'Armes aux rues de la Petite-Boucherie et du Change, en passant devant les rues de la Princerie, Taison, Ladoucette, Jurue, d'Enfer, de la Cour de Ranzières, sur les Murs et de la Chèvre.

C'est-à-dire *rue des Fourneaux.* Il s'en trouvait une grande quantité nécessaire à la fabrication des armes et de l'orfèvrerie qui s'y faisait.

C'était chez les arquebusiers en *Fournirue* qu'on s'approvisionnait en se rendant au *Champ à Seille,* pour les joûtes, les tournois, etc.

La maison, n° 18, a été habitée par J.-J. Boissard, savant antiquaire (seizième siècle). Elle peut être considérée comme le véritable berceau de l'archéologie messine.

La maison, n° 36, à l'angle de la rue Taison, conserve quelques vestiges de construction de l'époque de François 1er.

La façade intérieure de la maison, n° 33, offre un spécimen de ce que pouvait faire l'architecture bourgeoise. A droite en descendant Fournirue, se trouve l'impasse Gobelcourt, mot qui signifie la cour Belle-Cour, en patois *lé Cobecoco.*

France (Place de). — Cette place, entre les casernes et la rivière de Moselle, a pris ce nom en vertu d'un arrêté municipal du 1er juillet 1816.

Eglise paroissiale de Saint-Simon, bâtie de 1737 à 1740, dans le fort de la Double-Couronne, autrement dit *Ville-neuve*[1], et desservie, jusqu'à la Révolution, par des chanoines réguliers de la congrégation de Saint-Pierremont.

France (Porte de). — Autrement appelée *Porte de Paris*.

Elle fait suite à la rue de ce dernier nom.

Fumiers (Rue des). — Derrière la rue du Pontiffroy.

Ainsi nommée à cause du voisinage des écuries des casernes.

Pavée et exhaussée en 1737 pour aider à l'écoulement des eaux.

G.

Garde (Rue de la). — Du Moyen-Pont aux rues de la Haute-Pierre, Poncelet et aux Ours.

Cette rue, telle qu'elle est aujourd'hui, a été formée par ordre du duc de Belleisle, afin de procurer un débouché aux voitures venant du Moyen-Pont et allant aux quartiers du Palais de Justice, de Sainte-Marie et de la Pierre-Hardie. Sur partie de son emplacement existait la *ruelle dessous la montagne de*

[1] Tout le quartier au-delà du pont des Morts a été créé sous l'habile gouvernement de M. de Belleisle.

Saint-Hilaire, ainsi désignée parce que la paroisse Saint-Hilaire-le-Petit [1] s'élevait sur le terrain derrière la Haute-Pierre. La *porte en Anglemur, l'une de celles de la ville par lesquelles on pouvait entrer et sortir de nuit et de jour*, au treizième siècle, était située au pied du monticule. Plus tard ce ne fut plus qu'une fausse porte ou poterne. Elle fut démolie, de même que les tours qui se trouvaient au bas et au coin de la rue des Hauts-Prêcheurs (*rue Saint-Arnould*) et de la rue actuelle de la Garde, lors de la reconstruction du mur de ville sur la Moselle (1552).

Garde vient du vieux langage *Warde*; le nom de la *rue de la Garde* a été donné en souvenir du *guet du Wardain près la porte en Anglemur*, c'est-à-dire du commissaire qui était chargé spécialement de la surveillance et de la police *sur tout ce qui était transporté par eau et qui devait passer devant la mallegoule (canal) de Waudrinowe* (Wadrineau) *pour être amené à la baire du moïen pont des mors*.

Ancien hôtel abbatial de Saint-Arnould, servant de logement au général commandant l'École militaire contiguë. A la suite, manége [2] de cette école, dont l'entrée est à l'angle de la rue aux Ours.

Escalier en pierres pour descendre de la rue de la Garde à la rue Sous Saint-Arnould.

[1] Derrière et au midi était un passage public appelé *rue de Saint-Vit*, du nom d'une autre église voisine.

[2] En 1837 et 1840 la réparation de la rampe de ce manége a amené la découverte d'un très-grand nombre de tombeaux en pierres.

La rampe de l'Esplanade, que longe la rue de la Garde, date de 1740 [1].

Le poste militaire au débouché de la rue de la Garde, en face du Moyen-Pont, repose sur le vieux mur d'enceinte qui était établi à quelques mètres en arrière du mur du quai actuel.

Gaudré (Rue). — De la rue Vigne Saint-Avold à la rue Mazelle.

Sans doute nom d'homme.

Appelée jadis *rue Cour au Puits* concurremment avec d'autres endroits devant, comme elle, ce nom à un puits public qui s'y trouvait.

Gendarmerie (Rue de la). — De la rue Saint-Henry au rempart derrière la rue d'Asfeld.

De 1830 à 1840, ouverture de cette rue, qui n'était auparavant qu'un cul de sac.

Elle a été formée des petites rues précédemment appelées rue des Célestins et rue des Madelaines [2], à cause des couvents qu'y possédaient ces religieux et ces religieuses.

L'église des Célestins a été démolie. Sur l'emplacement de celle des Madelaines et de ses dépendances

---

[1] Lors de la reconstruction partielle, faite dans les premières années du dix-huitième siècle, des murs de soutènement de ce côté, on exhuma, vis-à-vis de la poudrerie, des vestiges d'un temple consacré à Castor et à Pollux et à la Concorde divine par P. Petronius, ainsi qu'une statuette en bronze votive de Minerve.

[2] Arrêté du 1" juillet 1816 qui réunit ces deux communications sous le seul nom de rue de la Gendarmerie.

a été construite une caserne départementale destinée définitivement aux soldats de la gendarmerie : ceux-ci avaient été logés déjà dans les bâtiments conventuels appropriés. Aujourd'hui deux compagnies de pionniers l'occupent temporairement.

Gengoulf (Rue Saint-). — De la rue des Trois-Boulangers à la rue Châtillon.

Porte le nom d'une ancienne paroisse.

Le 6 octobre 1838, le curé, au nom de la fabrique de l'église, prit l'engagement de bâtir sur l'emplacement donné par le Roi, entre le magasin à poudre de Sainte-Glossinde et la maison curiale, suivant le modèle des façades semblables à celles de la Double-Couronne de Moselle, dans l'espace de deux années, à partir du jour que le déblai des terres du rempart de la vieille enceinte serait achevé.

Prison civile.

Georges (Pont Saint-). — Entre la rue du même nom.

L'un des plus anciens de Metz.

Autrefois, le jour de la fête de saint Georges, le 23 avril, du haut de ce pont, le coûtre de la cathédrale bénissait la Moselle. La procession se rendait ensuite à l'église Saint-Georges.

Pont Ventôse, en 1792.

Georges (Rue du pont Saint-). — Cette rue s'étend de part et d'autre du pont qui porte encore le nom de l'ancienne église. Celle-ci, située à l'angle des rues

Chambière et de Saint-Médard, se trouva originairement en dehors de l'enceinte de Metz. C'était la paroisse des pêcheurs et des bateliers. Elle est maintenant convertie en une salle publique de danse et en une brasserie où pend pour enseigne : *Brasserie Saint-Georges.*

Georges (Rue Saint-). — De Vincentrüe à la rue Goussaud.

Précédemment *rue des Pères Saint-Georges.*

La portion qui aboutissait à la rue Saint-Marcel a été supprimée lors de l'établissement du lycée dans les bâtiments de l'hôpital Saint-Georges.

La fondation de cet hôpital était due à l'archevêque Georges d'Aubusson de la Feuillade, évêque de Metz, qui y avait créé trente et un lits pour des hommes malades, et l'avait fait desservir par des religieux de la Charité (1686).

Gisors (Rue). — De la place au Lièvre à la rue de la Grève.

Elle a été ouverte au public en 1738, et conserve le nom glorieux de Louis-Marie Foucquet, comte de Gisors, fils du maréchal duc de Belleisle, mort au champ d'honneur, à Crevelt (25 juin 1758).

En conformité d'une délibération des officiers de l'Hôtel de ville datée du 25 juillet de la même année, une plaque de marbre blanc, portant une inscription en lettres dorées, avait été placée dans la façade de la première maison de la rue Gisors, du côté de la place au Lièvre. Cette inscription rappelait les titres du comte de Gisors, son attachement pour les citoyens de Metz, leur gratitude, la date de la décision qui avait prescrit que ce marbre serait placé, enfin les noms du maître échevin et des conseillers échevins alors en exercice.

Glacière (Rue de la). — De la rue des Quatre-Maisons à la rue des Cloutiers.

C'est une portion de cette dernière rue dont elle a été distraite en 1821, et qui a pris le nom d'une ancienne glacière.

Glatigny (Rue). — De la rue des Jardins au quai Félix Maréchal.

Originairement *rue Galande* ou *Galante.*

C'était, avec la rue voisine *des Bordeaux* ou *du Bordé* (maintenant barrée), un lieu où l'on tenait plaisir.

Glossinde (Place Sainte-). — De la rue du même nom aux rues de l'Evêché, Saint-Gengoulf et Châtillon.

Elle conserve le souvenir de l'abbaye fondée au septième siècle, par Glossinde, fille de Wintrion, un des principaux seigneurs de la cour d'Austrasie.

L'emplacement du monastère est occupé aujourd'hui par le palais épiscopal.

Ruelle fermée de cette place au rempart du même nom [1]. Les anciens murs de ville qui existaient derrière l'abbaye ont été démolis en 1739.

[1] Elle a été ménagée pour faciliter les secours en cas d'incendie.

Glossinde (Rue Sainte-). — De la place de ce nom à l'avenue Serpenoise.

Avant 1848, *rue du Rempart Sainte-Glossinde.*

Goussaud (Rue). — Elle a été établie entre la partie conservée de la rue Saint-Georges et la place Saint-Vincent, en remplacement de la portion de cette rue réunie à la grande cour du lycée.

C'est le nom d'un ancien maire, Jean-François Goussaud d'Antilly [1].

Précédemment *rue Saint-Napoléon.*

Grève (Place de). — Vis-à-vis la rue du Champé. Son nom signifie un endroit uni, couvert de gravier.

C'était en ce lieu, qui aboutit à la Seille, que les arbalétriers allaient s'exercer.

Grève (Pont de la). — Est voisin de la place du même nom.

Grève (Rue du Pont de la). — A la suite. L'hôpital Saint-Jacques [2] avait été transféré au lieu de la Grève, en la maison des arbalétriers (1609) ; il y demeura jusqu'à sa réunion à l'hôpital Saint-Nicolas (1728-1734).

Grilles (Pont des Basses-). — De la rue Paixhans à la porte Chambière. Plus simplement le *pont des Grilles.*

Anciennement *Rhinpont, pont Royal* (1745).

Vulgairement *pont de Chambière.*

---

[1] Né à Metz le 15 décembre 1758, mort le 28 août 1807.

[2] Il recevait de préférence les pauvres étrangers *passants.*

Le premier pont jeté en cet endroit remontait à l'année 1360, ainsi que le constate l'inscription ci-après :

> A tans con faixoit sestuy pon
> etoit lou tans artay saison,
> la quarte de fromant valoit xj. s. de mz.
> et iij. Lavoine vj. s. et iiij.
> Tey fut li pain d'un gray
> denier — O. Li vin si etoit si chier,
> li quarte valoit XV D. Le fut dro an
> celui tans p. MCCC. et LX ans.

C'est-à-dire : lorsque l'on bâtit ce pont, le temps et la saison avaient été si arides, que la quarte de blé froment valait onze sols trois deniers, monnaie de Metz, et l'avoine six sols quatre deniers. La grosseur du pain d'un gros denier était celle de la figure représentée sur la pierre (pain à peu près d'une demi-livre, suivant Baltus). Le vin était si cher que la quarte valait quinze deniers. Ce dur temps fut celui de l'an 1360.

H.

Hache (*Rue de la*). — De la rue de la Grande-Armée à la rue des Allemands.

Ce n'était jadis qu'une petite ruelle devant l'hôtel de Conrard de Serrières, ainsi appelée peut-être à cause de son contour.

Les nécrologes constatent l'existence à Metz d'une famille nommée *Hatche* ou *Hache*, dès la seconde moitié du treizième siècle.

Haye (Rue de la). — De la rue du Pont des Morts à la rue du Pont Saint-Marcel.

Cette dénomination rappelle un lieu champêtre.

C'est une rue très-régulière : les maisons à droite, en venant du Moyen-Pont, ont toutes un jardin donnant sur la rivière.

Henry (Rue Saint-). — De la place du Quarteau à la rue de la Gendarmerie.

A reçu l'un des prénoms de l'évêque de Creislin.

Hollandre-Piquemal (Rue). — De la rue Saint-Marcel à celle de Belleisle.

A été ouverte, en 1735, sur un terrain qui dépendait de l'hôtel abbatial de Saint-Vincent et prit le nom du baron d'Eltz qui était alors abbé de ce monastère.

Orphelinat de Sainte Constance élevé sur partie du vieil *hôtel du Passe Temps*.

C'est en 1849 que les époux Hollandre-Piquemal, pleurant encore la fille unique que la mort leur avait enlevée dans l'âge de l'espérance, arrêtèrent le noble projet d'employer la plus large part du riche héritage que cette perte avait détourné de sa destination naturelle, à la fondation d'un des plus beaux et des plus charitables établissements que possède la ville de Metz.

Un sentiment de reconnaissance a inspiré la municipalité en la portant à donner les noms de Hollandre-Piquemal à la communication ouverte de la rue

Belleisle au magnifique et utile asile dû à la charité évangélique et à l'amour paternel.

Hôpital Militaire (Rue de l'). — Entre le Pontiffroy et la porte de Thionville.

Cette dénomination a été fixée par un arrêté municipal du 13 novembre 1846.

L'hôpital et le grand corps de logis à côté pour l'habitation des officiers nécessaires à son service, commencés en 1732, furent achevés deux ans plus tard.

C'était autrefois un hôpital d'instruction duquel sont sortis nombre de savants professeurs et de praticiens renommés dans l'Europe entière.

Huiliers (Rue des). — De la rue du Quarteau à la rue de Lasalle.

Tient son nom des fabricants d'huile qui l'habitaient.

J.

Jacques (place Saint-). — La rue Fabert, d'une part, et les rues de la Fontaine Saint-Jacques et Ladoucette, de l'autre.

Un arrêté municipal du 18 janvier 1806 avait substitué la dénomination d'*Austerlitz* à celle de *Saint-Jacques*, qu'elle tenait de la vieille église, sous l'invocation de ce saint, et de laquelle il est fréquemment question dans les anciennes chroniques.

Pierre gallo-romaine, de grande dimension, ornée

de personnages à reliefs peu saillants, mais d'un très-bon style, exhumée au dix-huitième siècle. En creusant les caves du marché, découverte d'anciennes maçonneries d'origine romaine, ainsi que des vestiges de l'ancienne église Saint-Jacques et de nombreux cercueils en pierre oolithe, ayant la forme d'auge.

En 1793, *place de la Révolution*, puis *place de la République*.

Jardin Botanique (Rue du). — De la rue des Capucins à la rue de la Basse-Seille.

Lieu grimpant, autrefois boisé lorsqu'il se trouvait en dehors de la première enceinte. On y avait établi un cimetière. De là l'ancien nom de *Tombois* donné au passage pratiqué depuis.

Découverte de sépultures gallo-romaines. Travaux considérables commencés en 1814 pour établir les nouveaux murs de terrasse.

La *rue du Tombois* reçut le nom actuel en vertu d'un arrêté du 20 septembre 1825.

Le jardin botanique a été transféré dans une propriété acquise par la ville, dite *Frescatelly* et sise à l'entrée du village de Montigny.

Jardins (Rue des). — De la rue du Four du Cloître à la rue du Pont Saint-Georges.

Ouverte au dix-huitième siècle sur des jardins contigus aux maisons des rues du Haut-Poirier et Chévremont.

Jurue. — De la place Sainte-Croix à Fournirue.

La tradition veut que cet endroit ait porté le nom de *rue de Jupiter*, à cause du voisinage d'un temple élevé en son honneur sur la hauteur appelée ensuite Sainte-Croix.

Plus tard *rue des Juifs*, parce que les enfants d'Israël furent parqués en ce lieu. Leur présence à Metz n'est constatée par aucun titre sérieux antérieur à la fin du neuvième siècle.

Dite *Juif-rue*, en 1793.

Jurue avait donné son nom à l'un des paraiges ou confédérations qui se formèrent au commencement du douzième siècle, dans le but de contre-balancer la puissance des évêques, entre les hommes les plus notables des principaux quartiers de la Cité, nobles ou non nobles. Ces confédérations s'étant perpétuées dans leurs familles ou leur descendance, on leur donna la dénomination de *Paraiges* ou *Lignaiges*.

Restes de l'ancienne petite chapelle de Saint-Genest, datant du onzième siècle, qui avait été remise, en 1562, à l'ordre de Saint-Jean ou de Malte.

Jurue rappelle le nom de Rabelais, le facétieux curé de Meudon, le caustique et profond auteur de Pantagruel, qui, étant à Metz, habita dans une maison de ce quartier.

L.

Ladoucette (*Rue*). — De la place Saint-Jacques à Fournirue.

Le nom du sénateur baron Charles de Ladoucette, mort à Paris le 11 décembre 1869, a été donné à cette rue, comme manifestation de la gratitude de la ville de Metz méritée par de généreuses dispositions testamentaires, notamment la distribution annuelle, par l'Académie, de prix à titre d'encouragements à la vertu [1].

Auparavant *rue du Plat d'Etain*, désignation empruntée à une enseigne.

Avant la *maison du Plat d'Etain* il y avait la maison des grands et des petits écots qui désignaient des lieux où les voyageurs étaient appelés à se restaurer. Celle-là montrait, dans sa façade, un plat rond avec inscription en lettres gothiques restaurées et le millésime 1509, le tout entouré de feuillages, d'ornements et de figures sculptés dans le bois. Cet endroit fut, dès lors, affectionné par les potiers d'étain, dont les noms les plus en faveur furent ceux des Leclere, ensuite Leclerc.

Lancieu (Rue du). — De la rue Serpenoise à la rue de l'Évêché.

Ce nom ne viendrait-il pas de *lincieulx* (draps de lit) ?

Les toiles messines faisaient l'objet d'un commerce considérable, les fabricants pour la plupart avaient leurs ateliers aux abords de la rue du Lancieu.

---

[1] Au nombre des immeubles légués par C. de Ladoucette, se trouvent ses deux maisons, place Saint-Jacques, 28 et 30, voisines de la *rue* actuelle *Ladoucette*.

En 1526, la maltôte ou le droit perçu sur la toile s'élevait à 6 deniers par livre.

Lasalle (Rue de). — Belle et large voie de communication créée de 1811 à 1813 entre la place Saint-Martin et la rue de la Fontaine.

Elle porte le nom d'A.-C.-L. comte de Lasalle, général de division, né à Metz, le 10 mai 1775, tué à Wagram. Il n'existait auparavant, vers cet endroit, qu'une ruelle appelée Saint-Symphorien, du couvent qui en était voisin.

Hôpital et prison départementale de la *Madelaine*.

Vis-à-vis de l'église Saint-Martin, habitation dont la façade appartient au quatorzième siècle.

Lièvre (Place au). — Devant les rues des Allemands, Gisors et Saint-Eucaire.

Tient son nom d'une vaste maison, dite la *maison au Lièvre*, démolie en 1737.

Louis (Place Saint-). — Des rues Neuve Saint-Louis, du Change et de la place Saint-Simplice aux rues de l'Abreuvoir, Royale et du Grand-Cerf.

La plus grande partie de cette place forma de bonne heure un terrain vaste et convenablement assaini, qui avoisinait les comptoirs des changeurs. De là elle fut appelée d'abord *place du Change*. Elle prit le nom de Saint-Louis au commencement du dix-huitième siècle.

Successivement agrandie, la place Saint-Louis est

encore entourée, du côté occidental, d'arcades et de constructions qui offrent un reste du moyen âge.

Autrefois il existait une halle aux grains sur cette place où se tient le marché au blé. Le pilori, où les condamnés à l'exposition et à la marque subissaient ces peines dégradantes, était établi à quelques pas en avant du *café de Paris*.

Fontaine surmontée d'une statue de Saint-Louis, adossée contre le mur extérieur de la maison, n° 8 (ancien hôtel Foucquet).

Louis (Quai Saint-). — Du Moyen-Pont au pont des Roches.

D'abord appelé *quai Sainte-Marie*, il échangea cette dénomination contre le nom actuel, après que les deux abbayes de Sainte-Marie et de Saint-Pierre eurent été réunies, sous le titre *d'abbaye et insigne église collégiale, royale et séculière de Saint-Louis* (1760).

Ce quai, commencé en 1740, a été entièrement achevé en 1756.

Louis (Rue Saint-). — De la place de Chambre à la rue de la Paix.

A été percée au travers de terrains destinés à l'emplacement des constructions du chapitre des chanoinesses.

Louis (Rue Neuve Saint-). — Ouverte, en 1749, pour donner un débouché au bas de la rue de la Tête-d'Or, et pour y pratiquer une rue nouvelle qui communique de la rue de la Chèvre à la place Saint-Louis.

Inscriptions romaines taillées dans une pierre présentant une figure d'Apollon et découverte lors des fondations des nouveaux murs de face.

M.

Mabille (Rue). — De la rue Saint-Eucaire à celle de l'Épaisse Muraille.

Tracée sans doute sous le nom d'un particulier dont elle aura retenu le nom.

Magasin des Vivres (Rue du). — Du quai du Fort-Moselle au rempart de la porte de France.

Elle forme le derrière des maisons du côté gauche de la rue de Paris, et a été ainsi désignée par un arrêté municipal du 13 novembre 1840.

Maisons (Rue des Quatre-). — De la rue des Capucins à la place des Maréchaux, d'une part, et de la rue de la Glacière à celle des Trinitaires, d'autre part.

Ce nom a été donné à tout le lieu qui environne l'ancienne place devant l'église Sainte-Ségolène, place sur laquelle bâtirent quatre particuliers.

Marcel (Pont Saint-). — A été pratiqué en 1737, sur le bras de la Moselle, derrière les dépendances de l'église St-Marcel, pour procurer un débouché de la place de la Comédie (alors appelée *grand Saulcy*) au quartier du Pont des Morts.

Marcel (Rue du Pont Saint-). — A pris le nom qu'elle porte du pont auquel elle aboutit. Originairement elle était limitée par le mur du cimetière de l'église Saint-Marcel qui barrait l'extrémité de la rue de la Haie. Son complément a été ouvert, en 1798, sous la dénomination distincte alors de *rue Neuve du Pont Saint-Marcel*, au travers d'une maison dite *Grange de la ville*.

Marcel (Rue Saint-). — De la rue du Pont des Morts à la place Saint-Vincent.

Ainsi nommée en souvenir de l'ancienne église paroissiale, aujourd'hui détruite, sous l'invocation de Saint-Marcel [1].

Bâtiments des Ursulines convertis en magasin général militaire de l'habillement, du campement et du harnachement.

Au fond de l'impasse qui longe l'asile de Sainte-Constance on a construit un petit lycée en 1845. Le grand lycée, créé en 1804, occupe les anciennes maisons conventuelles des Bénédictins de Saint-Vincent et des Pères Saint-Georges de la Charité (rues Saint-Marcel, Goussaud et Saint-Georges).

Vis-à-vis est l'ancien hôtel abbatial de Saint-Vincent transformé d'abord en dépôt de mendicité, puis

---

[1] La plus grande partie de l'emplacement de cette église est occupée par la vaste maison rue du Pont Saint-Marcel, 7 bis et rue Saint-Marcel, 28.

de marchandises, en filature, en atelier provisoire pour la fabrication des cigares, enfin partie en école et en salle d'asile.

Marchant (Rue). — De la place des Maréchaux à la rue Paixhans.

Le nom de cette rue consacre le souvenir du baron Nicolas-Damas Marchant, maire du 1er novembre 1805 au 7 février 1816, sauf une courte interruption.

Précédemment *rue des Grands-Carmes.* L'église de ces religieux passait pour un véritable chef-d'œuvre de l'architecture au moyen âge.

L'école normale primaire y fut établie en 1832.

Marché Couvert (Rue du). — De la rue du Palais à la place d'Armes.

Autrefois *ruelle du Sergent* [1] et *rue Vazelle* [2]. Son nom actuel lui a été donné à cause de son voisinage du Marché Couvert. Une voûte reliait à la place d'Armes l'ancien palais du Parlement, demeure primitive de la juridiction échevinale.

La maison n° 4 est connue sous le nom de la *grille de fer*; celle-ci a été conservée.

Maréchal (Quai Félix). — De la rue du Pont de la Préfecture [3] au bas de la rue des Jardins.

A reçu, en 1871, le nom de Philippe-Félix Maréchal,

[1] Parce que le sergent de la ville y était logé.
[2] De *Vaxel*, nom donné à une ancienne mesure pour le sel.
[3] La partie du quai actuel rapprochée de ce pont était nommée *rue du quai Saint-Pierre*, et précédemment *rue de Moselle* ou *des Moulins*, à cause du voisinage des moulins, propriété de la ville.

docteur en médecine, maire depuis 1854 [1], mort subitement le 24 mars 1871. Déjà, de son vivant, il avait été proposé de rendre cet hommage à ses mérites [2].

Anciennement *quai des Moulins*, *quai de Moselle*, puis *quai Saint-Pierre*, après que les religieuses de cette abbaye eurent été relogées dans l'hôtel du commandeur de Saint-Antoine.

Dupré de Geneste mentionne la découverte qui y fut faite, en 1759, d'une inscription en l'honneur du receveur des bateliers de la Moselle, *Marcus Mussius*.

Partie du quai actuel est encore appelée par le peuple, *quai de la Ferraille*, à cause des nombreux revendeurs qui, depuis de longues années, établissent leurs étalages le long du parapet, à certain jour.

C'est sur l'emplacement d'une caserne détruite en 1816, qu'a été formée la promenade dite vulgairement *Esplanade des Juifs*.

Maréchaux (*Place des*). — De la rue des Trinitaires à la rue Marchant, d'une part, et d'autre, de la rue des Capucins à la rue Boucherie Saint-Georges.

Les ouvriers en métaux ont toujours été nombreux

---

[1] Habitait la maison n° 28.

[2] En marge de cette proposition qui fut déposée par écrit, on lit la réponse suivante de la main du maire :

« M. S. ayant persisté à maintenir, malgré mes instances et observations, sa proposition, je déclare dès à présent que je suis profondément reconnaissant des sentiments manifestés à mon égard par cet honorable collègue, mais je n'apposerai jamais ma signature à un arrêté municipal me donnant un honneur public, cet arrêté eut-il été, après un avis favorable de la commission, sanctionné par un vote du Conseil. — 25 janvier 1869. » (signé) « Félix Maréchal. »

à Metz. Des quartiers leur étaient assignés autrefois. Les maréchaux occupaient les environs de l'église Sainte-Ségolène et ont laissé leur nom à la place voisine.

Marie (Rue Sainte-). — De la rue du Faisan à la rue du Moyen-Pont des Morts.

Doit son nom au monastère des religieuses de Sainte-Marie qui avait été transféré, au seizième siècle, dans les bâtiments ayant appartenu aux chevaliers de Rhodes et désignés sous le nom de *Petit Saint-Jean.*

Martin (Place Saint-). — De la rue de l'Esplanade à la rue de Lasalle.

Formée, au dix-huitième siècle, sous le nom de l'église à laquelle elle confine.

Cette église est désignée dans les anciens titres : *Saint-Martin in Curtis*, c'est-à-dire *dans les jardins*[1]. Sa nef est de la première moitié du treizième siècle, le chœur de la fin du quinzième siècle.

Mazelle (Place). — Du mot latin *Macellum*, qui signifie marché. De vieux titres portent *Mezels*, ce qui semblerait indiquer qu'un refuge aurait été réservé aux *Lépreux*, connus sous la dénomination générale d'*Omezels* ou simplement *Mezels*.

Élevée, en 1739, sur une ancienne fortification.

Pont sur la Seille, bâti l'année suivante, pour faire communiquer cette place avec la rue d'Asfeld.

---

[1] Elle était primitivement en dehors des murs.

Le marché aux bois, braise et charbon, fagots et houille, y a remplacé le marché aux bestiaux. Le marché aux chevaux se tient aussi sur la place Mazelle.

Mazelle (Porte). — La porte actuelle a été construite en 1740. C'est une sorte d'arc de triomphe, d'ordre toscan, surmonté d'une corniche avec fronton et entablement.

Mazelle (Rue). — De la place du même nom à la rue du Pont-Sailly.

Aussi nommée *Grande rue Outre-Seille*. Ancienne église du monastère de Notre-Dame de la Visitation, convertie en lieu de dépôt de marchandises.

Inscription placée dans le mur de la plate-forme voisine de la rue du Rempart des Allemands (1622).

Église Saint-Maximin, autrefois nommée *Saint-Maximin lès Vignes*, alors que la partie actuelle de la ville, le long de la Seille, entre la place des Charrons et la porte Mazelle, était plantée et cultivée en vignes et se trouvait en dehors des murailles.

C'est la plus ancienne église des quartiers d'Outre-Seille : chœur latino-bysantin ; abside semi-circulaire d'une grande simplicité, remontant à l'époque romane secondaire ; tour en avant de l'abside ; nef principale lourde.

Médard (Rue Saint-). — De la rue Chambière à la place de la Tour aux Rats.

Doit son nom à une église dont la partie conservée a été transformée en logements.

Millet (Rue du Coffe). — Sorte de ruelle qui va de la rue de la Boucherie Saint-Georges à la place des Maréchaux.

Pour découvrir l'étymologie de ce nom, il faut recourir au vieux langage : on prononçait jadis « raüe dou Caffe-Meillàt », c'est-à-dire rue de l'Écosse Millet. Ce lieu fut habité primitivement par les huiliers, et on y écossait le millet pour le potage.

Minimes (Rue des). — Conduit à la rue des Allemands.

Elle doit son nom au couvent de ces religieux qui s'y étaient établis en 1605.

Monnaie (Rue de la). — De la place Saint-Simplice à la rue de l'Abreuvoir.

Ainsi appelée parce que l'hôtel des monnaies y était établi.

Moreau (Pont). — De la rue du même nom à la place de la Préfecture.

A reçu le nom d'un particulier dont la maison était voisine.

A l'extrémité, vers le *Jardin Fabert*, est l'ancienne maison de l'Etape ou magasin aux vivres et aux fourrages qui étaient mis en réserve pour être distribués aux troupes lors de leur passage. Cette maison est encore maintenant propriété de la ville.

De ce pont on aperçoit les pierres antiques incrustées dans les piles des moulins du Therme.

Moreau (Rue du Pont). — Du pont ainsi nommé à la rue des Bénédictins.

Morts (Pont des). — Sur le bras non navigable de la Moselle.

Sa reconstruction en pierre, au quatorzième siècle, par l'hôpital Saint-Nicolas, en échange du droit de prélever le meilleur habit de ceux qui mouraient dans la ville ou dans sa banlieue, lui a valu le nom qu'il porte encore.

Inscription scellée à chaque tête du pont, dans la face aval au tympan de droite de la 13e arche et dans la face amont sous le bandeau de l'avant-bec de la culée gauche :

PONT DES MORTS. — Dates historiques :

1222. — Charte de l'évêque de Metz qui attribue à l'hôpital Saint-Nicolas le meilleur vêtement de chaque mort pour l'entretien du pont, alors en bois.

1282. — Atour du maître échevin qui ordonne la construction du pont des Morts en pierre, en 20 années, à partir de 1289.

1343. — Époque probable de l'achèvement du pont en pierre composé alors de 17 arches.

1769-1776. — Etablissement d'un radier général sous les 11 premières arches. Revêtement en pierres de taille et allongement des piles.

1845-1847. — Restauration complète et élargissement moyen de 4 mètres des 15 arches du pont.

Morts (Place du Pont des). — Devant le grand pont des Morts.

Appelée également *Place du Saulcy,* parce que ce terrain était en nature de *saussaie.*

A une époque très-ancienne, la Moselle fut arrêtée dans son cours en avant des murs de Metz et détournée de sa direction rectiligne par une forme de digue submersible et de nombreuses levées de terre plantées de saules.

Cette place a été créée sous l'administration de M. de Belleisle, et aboutit, d'un côté, à la rue qui a retenu le nom de ce dévoué gouverneur.

Morts (Rue du Pont des). — A la suite du Moyen-Pont.

Cette rue est bien alignée et très-large.

Moyen-Pont. — Sur le bras navigable de la Moselle. Il communique à la rue du Pont des Morts.

La première enceinte de ce côté fut longtemps bornée à la Moselle.

Ce pont fut appelé d'abord le *premier pont des Morts* [1], ou le *pont des Barres* [2], puis le *haut pont des Barres* [3], ensuite le *pont des Pucelles* [4];

---

[1] Voir l'article *Pont des Morts.*

[2] A cause des grilles qui fermaient ses arches.

[3] Pour le distinguer du *bas pont des Barres* (actuellement nommé le *pont des Basses-Grilles*). Également, par opposition, le Moyen-Pont est appelé de nos jours *pont des Hautes-Grilles.*

[4] Parce qu'il communiquait au couvent des religieuses dites les Pucelles ès Vignes, qui existait à l'extrémité de la digue encore ainsi désignée.

enfin le *moyen pont des Morts*. Il conserve, mais raccourcie, cette dernière dénomination qui s'explique par l'étendue comparative des deux ponts et par la distance de chacun d'eux de la ville.

Pont du District, en 1793.

Le Moyen-Pont a été entièrement restauré et considérablement élargi en 1862. Inscription gravée en creux sur la pierre placée au-dessus de la culée de la première arche : MOYEN-PONT.

1222. — Construction du Moyen-Pont en charpente.

Entre 1282 et 1812. — Construction du pont actuel en pierre composé alors de cinq arches.

1484. — Clôture de l'arche de droite par un mur.

1657. — Réparation des piles et des musoirs.

1740. — Réparation des piles; construction d'un radier général sous les quatre arches de gauche, et suppression définitive de l'arche de droite.

1861. — Restauration complète et élargissement moyen de 1ᵐ 10 des quatre arches du pont.

Escalier en pierre pour descendre au chemin qui longe la rivière (1861).

En même temps a été faite la réparation de la tour conservée des fortifications qui défendaient jadis cette entrée de la ville.

Moyen-Pont (Rue du). — De la rue Sainte-Marie au Moyen-Pont.

Rampe conduisant à la voûte de l'abreuvoir du Petit Saint-Jean (ancienne propriété des chevaliers de Saint-Jean de Rhodes).

Murs (Rue des). — De Fournirue à la rue des Cloutiers.

Cet endroit touchait aux murailles de la deuxième enceinte, et à cause de cela, on le nommait « rue aux Murs ». Aujourd'hui c'est plutôt la *rue sur les Murs*.

On descend par deux escaliers à la rue Saulnerie.

En 1562, l'ordre de Saint-Jean de Malte reçut en indemnité de délogement, une maison sur les Murs (maison portant aujourd'hui le numéro 21).

« L'année 1513, trois vieilles maisons situées en un lieu communément appelé *les Murs*, et derrière l'église des Récollets, tombèrent tout d'un coup. On trouva dans les ruines du fondement plus de trente grandes pierres les unes sur les autres, confusément et sans ordre. La plupart étaient noircies du feu, et portaient des marques indubitables de quelque incendie. Outre les inscriptions, il y avait presque sur toutes, quelques figures et représentations d'hommes et de femmes vêtus à l'antique, des oiseaux, des vases et d'autres pièces ou instruments funèbres. [1] »

N.

Neufbourg (Rue du). — De la place Saint-Nicolas à celle de Saint-Thiébault.

Tient son nom du bourg qui fut enclavé dans Metz.

Nexirue. — De la rue du Palais à la rue Poncelet.

[1] Ms. 128, pag. 8, de la bibliothèque municipale.

Doit ce nom à son voisinage de l'ancienne petite place de Nexirue[1], sur laquelle avaient lieu jadis les exécutions criminelles.

Un hôtel particulier conserve des vestiges importants d'une construction du moyen âge, qui a servi de salle de spectacle jusqu'en 1751 et auparavant au *jeu de paume*.

Nicolas (Place Saint-). — Devant l'hôpital général du même nom.

Primitivement *passage* ou *rue Cerisaie*, en souvenir d'une plantation de cerisiers. Une partie forme la place actuelle.

Cet hospice-hôpital était déjà important dans les premières années du treizième siècle[2] : de tout temps son administration a appartenu à des commissaires civils.

O.

Ossons (Rue aux). — De la place des Charrons à la rue Gaudré.

Du mot patois *Oussons*, qui veut dire oisons, on a fait ossons.

Ours (Rue aux). — De la rue de la Haute-Pierre à la rue de la Pierre-Hardie.

C'était la rue aux « Ouës » à cause des oies que ven-

---

[1] Du latin *nex, necis*, qui veut dire *mort violente*.
[2] Dans l'origine, il était presque dans la campagne ; l'air et le soleil enveloppaient l'établissement. Aujourd'hui les trois rues de la *Fontaine*, de *Saint-Thiébault* et de *Saint-Henry* l'enserrent.

daient les nombreux rôtisseurs qui y étaient établis. De « Ouës » on a fait Ours : d'un oiseau de basse-cour, un quadrupède de ménagerie. Question d'enseigne : hôtel de l'Ours.

L'École militaire occupe une très-grande partie du côté gauche de la rue en descendant à celle de la Pierre-Hardie. Cette école a été établie dans les anciens bâtiments et leurs dépendances des Bénédictins de Saint-Arnould.

P.

Paille Maille (*Rue*). — De la rue du Pontiffroy à la rue Belleisle.

Il y eut de bonne heure dans cet endroit longtemps champêtre, une maison dite *Epargne Maille*, à raison des menues pièces de monnaie que mettaient les voyageurs dans le tronc établi au-dessous de l'image de la Vierge, en l'honneur de laquelle on avait bâti cette maison.

C'était jadis une habitude très-répandue de placer dans le mur des habitations écartées, de même qu'à tous les coins de rues et sur les portes des habitations les plus apparentes, des vierges avec des troncs nommés *épargne mailles*. De nos jours encore les portes de quelques maisons de la rue Paille Maille sont surmontées de niches ayant servi à cet usage.

Paix (*Rue de la*). — De la rue de la Pierre-Hardie au quai Saint-Louis.

Cette communication, percée au travers des terrains de l'abbaye de Saint-Louis, a été ouverte le jour de la publication du traité ou de la paix de *Campo-Formio*.

Paixhans (Rue). — De la rue de la Basse-Seille à la rue de l'Arsenal et au pont des Basses-Grilles.

A été appelée successivement *rue Militaire*, *rue du Rempart des Juifs* et *rue du Rempart de l'Arsenal*. Son nom actuel perpétue le souvenir de Henry-Joseph Paixhans, général de division, savant artilleur, né à Metz le 22 janvier 1783, mort à Jouy-aux-Arches le 19 août 1854.

Est formée sur partie du terrain désigné sous le nom du *Grand Meis*, c'est-à-dire Grand Jardin, et devenu propriété militaire depuis 1552.

De 1725 à 1730, l'Arsenal d'artillerie a été élevé dans le Retranchement de Guise ; il est isolé de la ville par un large fossé et par le rempart. En face est la direction d'Artillerie, dont les vastes bâtiments occupent l'emplacement du monastère des Grands Carmes.

Du côté de la rue de la Basse-Seille, se trouve la *Maison des orphelins* connue sous le titre *d'Œuvre de la Providence*.

Palais (Rue du). — De la rue du Petit-Paris à la rue de la Pierre-Hardie.

Autrement dite *derrière* ou *sous le Palais*.

Tire son nom de l'ancien Hôtel de ville, appelé le Palais, qui avait été construit de 1315 à 1317, à l'entrée de la ruelle du Sergent (partie de la *rue du Marché Couvert*).

C'était un immense bâtiment, présentant à ses deux extrémités, deux ailes ornées de créneaux, de machicoulis, et renforcé à chaque angle de guérites en pierres.

Le Parlement, à peine créé (janvier 1633), s'établit dans cet hôtel, ne laissant que quelques salles à l'administration de la Cité.

La partie gauche, occupant l'emplacement compris entre la rue de la Croix de Fer (rue Fabert) et la voûte reliant la place d'Armes, avait été reconstruite en 1665-1666.

Le monument se trouva enclavé, au dix-huitième siècle, dans les constructions de Blondel, pour la régularisation de la place d'Armes. Ses derniers débris disparurent complétement en 1810.

Paradis (Rue du). — De la rue Saulnerie aux rues des Capucins et du Jardin Botanique.

Jadis *rue de la Haute-Saulnerie*.

Rue de la Raison en 1792.

Ce lieu doit peut-être son nom à sa situation au sommet de la colline de Metz.

Il y a deux autres opinions sur l'étymologie du nom *Paradis*. Quelques-uns prétendent que l'endroit où la voie publique dont il s'agit a été formée, était très-anciennement appelé « chemin du Paradis », c'est-à-dire voie conduisant au parvis. On sait que ce mot, qui vient de *paradisus*, désignait le porche ou le cloître à l'entrée de l'église. D'autres étymologistes veulent que cette dénomination dérive de *via supera* et lui ait été donnée par opposition au nom porté par la rue voisine, dite d'Enfer, autrefois rue inférieure, *via infera*.

Le couvent du Bon-Pasteur, situé au bout de la rue du Paradis, du côté où se trouvait le Jardin botanique, occupe les bâtiments de l'ancien monastère de Sainte-Claire.

Paris (Rue de). — Du pont des Morts à la porte de France.

Précédemment *Grande rue du Fort*.

La dénomination actuelle lui a été donnée par arrêté municipal du 1er juillet 1816. Cette rue est traversée par la route de Metz à Paris.

Voie publique très-large ; toutes les constructions sont faites sur un plan uniforme.

Paris (Rue du Petit-). — Primitivement *rue Saint Sauveur*, du nom de la collégiale dont il existe encore des vestiges derrière plusieurs maisons, ou *rue Biffer*, sans doute de la basse latinité *beffredus*, c'est-à-dire *beffroi* ; ensuite *rue Sérignan*, du nom d'un lieutenant du roi à Metz.

Est ainsi appelée maintenant de l'hôtel le *Petit-Paris*, qui y était situé.

Parmentiers (Rue des). — De la rue de la Chèvre à la place Saint-Martin.

C'était la *rue de la Grand'maison*, nom sous lequel

on connaissait la demeure seigneuriale de la famille *Grosnay* (plus tard de Gournay).

Elle prit le nom qu'elle porte lorsque les parmentiers (*tailleurs d'habits*) vinrent s'y établir.

Hôtel de la Poste aux Lettres.

Pierre-Hardie (Rue de la). — De la rue du Palais aux rues de Sainte-Marie, de la Paix et du Faisan.

Une dépendance de l'ancien hôtel du Nord occupe le terrain sur lequel avait été bâtie la chapelle dite des onze mille vierges, réunie à la cathédrale par une convention du 22 octobre 1739.

Cette rue a été élargie et abaissée à plusieurs reprises dans le cours du dix-huitième siècle.

Pierre (Rue de la Haute-). — De l'Esplanade aux rues de la Garde, aux Ours et Poncelet.

Jadis, à Metz, certaines grosses pierres, posées au milieu des places publiques ou des carrefours, jouaient un grand rôle dans l'administration civile ou judiciaire de la cité. Les magistrats y faisaient « huchier (proclamer) les atours (ordonnances) à cry public ».

Outre les dénominations encore conservées de la Haute-Pierre et de la Pierre-Hardie, le nom de la Pierre-Borderesse est aussi venu jusqu'à nous. La plus connue de toutes est celle qui disparut, en 1755, lors des excavations de la nouvelle place d'Armes ; elle était appuyée au mur du Palais, vis-à-vis l'ancien portail de la cathédrale.

En 1556, bail emphytéotique par les doyen, chanoines et chapitre de l'église cathédrale, pour quatre vingt dix-neuf ans, au gouverneur de Metz, de la maison appelée la *Haute-Pierre*, leur appartenant, à charge de 6 livres et demie messines de redevance annuelle, de faire pour 1000 livres de réparations et d'acquérir deux bâtiments joignants. En 1655 le gouverneur refusa de remettre cette maison et de payer loyer. Un arrêt du conseil du roi, du 28 décembre 1688, accorda 14518 livres d'indemnité.

En 1776 fut commencé le palais actuel ou *Palais de justice*. On l'appela d'abord *Gouvernement*, parce qu'il devait servir d'habitation au gouverneur militaire de la province. Devenu, pendant la Révolution, le siége de l'administration départementale, il reçut le nom *de Département*.

Pilatre des Rosiers (Rue). — Créée par les constructions élevées en 1860 par l'État sur une partie de la place de France. Un arrêté municipal du 6 février 1861, approuvé par décret du 9 mars suivant, lui a donné le nom de Pilatre des Rosiers. *Pilatre dit du Rosier*, savant physicien et intrépide aéronaute, né dans la maison portant aujourd'hui l'enseigne de *Brasserie de Constantinople*, le 30 mars 1754, mort le 15 juin 1785, victime de son dévouement pour la science.

Piques (Rue des). — De la place de Chambre au quai Félix Maréchal.

Autrefois *rue de la Fleur de Lys*, parce que c'était l'emblème de l'autorité royale et qu'une partie du

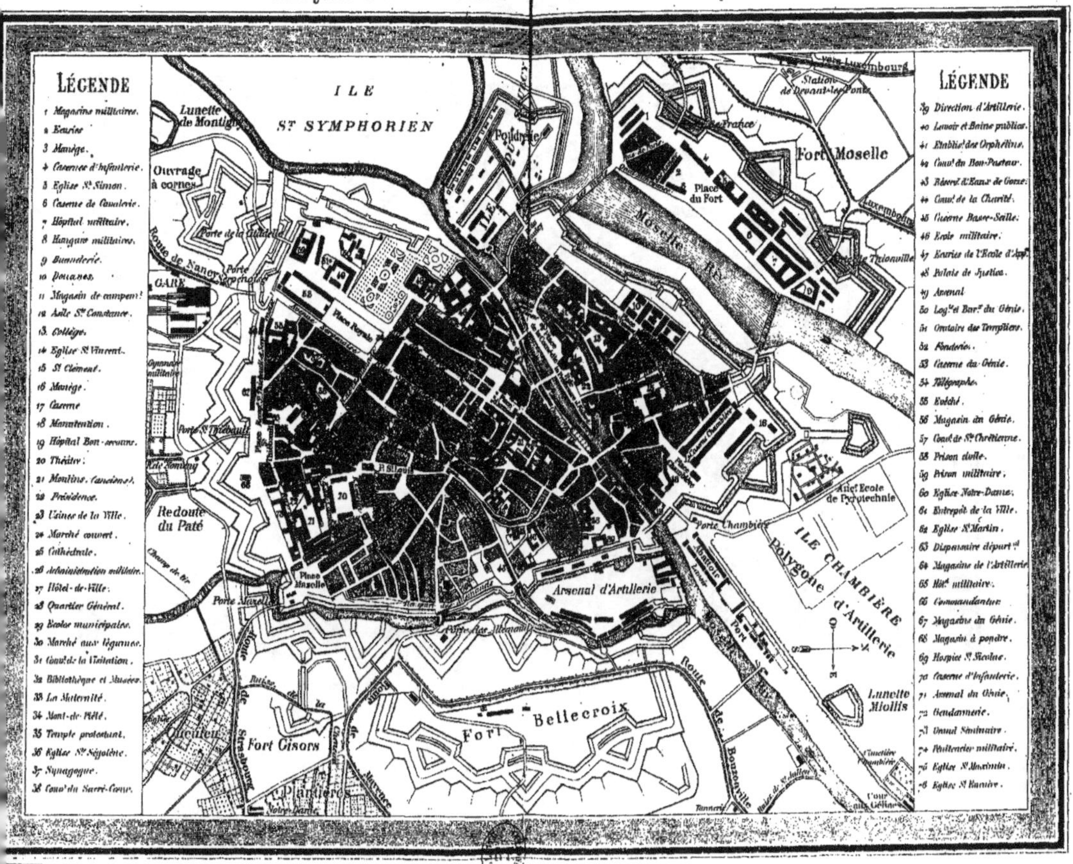

METZ EN 1878.

Plan joint à la 3e édition des Rues de Metz, par Chabert

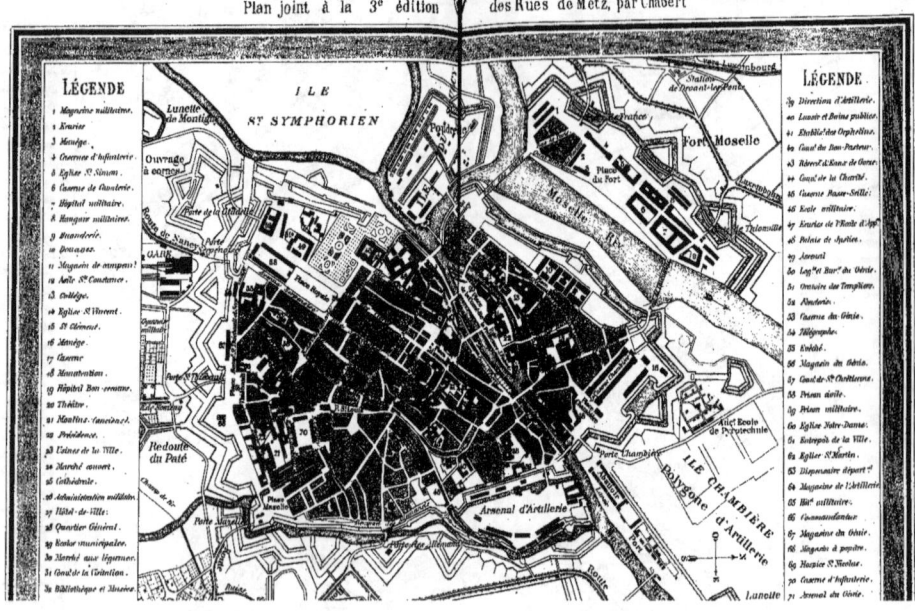

terrain sur lequel elle a été formée, avait été donnée à des particuliers, sous condition par eux d'y bâtir.

Tient son nom actuel des piques dont un dépôt considérable fut fait, en 1794, dans un bâtiment se trouvant sur cette rue, devenu alors grange de la ville et qui était une ancienne dépendance de l'hôtel du commandeur de Saint-Antoine.

Poirier (Rue du Haut-). — De la place d'Armes à la rue Chèvremont, d'une part, et à la place de la Bibliothèque, d'autre part.

« Au pied de la maison des Carmes déchaussés (*la Bibliothèque*), du côté de Chèvremont, était un poirier très-élevé, dans la partie la plus prochaine du magasin de la ville, qui faisait donner le nom de *rue du Haut-Poirier* à cette portion de rue, depuis le magasin jusqu'à l'angle de l'église. Cet arbre, dont le fruit était fort bon, subsistait encore au mois de juillet 1732. »

La maison, n° 12, est l'ancien hôtel de la famille Foës, qui compte parmi ses membres le savant Anuce Foës.

Les religieuses de l'ordre de la Visitation de Notre-Dame sont propriétaires de tous les bâtiments situés à droite, en montant la rue du Haut-Poirier jusqu'à la place de la Bibliothèque.

Poncelet (Rue). — Des rues aux Ours, de la Garde et de la Haute-Pierre, passant devant Néxirue, à la rue des Clercs et à la Bonne Ruelle.

Par arrêté du maire, ensuite d'une délibération

du Conseil, en date du 25 janvier 1868, approuvé par décret du 8 février suivant, le nom du général de l'arme du génie, Jean-Victor Poncelet [1], né à Metz en 1788, mort à Paris le 23 décembre 1867, a été donné à la communication comprenant la rue du Heaume et à son prolongement en ligne droite, rue de la Garde, jusqu'à la petite rampe de l'Esplanade.

L'ancien nom du *Heaume* vient du voisinage de l'hôtel de ce nom. En 1469, le 16 octobre, « vint en Mets un liégal (*légat apostolique*) appelez Evre, accompaigniez de XX chevaulx, auquel on fist grant honour, et fuit logiez en l'ostel d'ung chainoine appelez Ernest, pres de l'ostel ou Haulme. »

L'enseigne du *Heaume* indique certainement de quelle importance était, du temps de la chevalerie, la fabrication des différentes pièces d'une armure.

A côté de l'ancien *Café du Heaume* existe un fort bel hôtel occupé par la *Banque internationale*.

Pontiffroy (Le). — Parallèle au pont des Morts.

Est aussi appelé pont de Thionville, parce qu'il est établi sur la grande route qui conduit à cette forteresse.

L'inscription suivante est placée à chacune des

---

[1] Une médaille frappée en son honneur, porte, outre les dates de la naissance et du décès, la légende suivante au revers :
Lieutenant du Génie, 1812. — *Professeur à l'école de Metz*, 1824. — *Membre de l'Académie des Sciences*, 1834. — *Professeur à la Faculté des Sciences de Paris*, 1837. — *Représentant du peuple*, 1848. — *Général de brigade*, 1848. — *Commandant de l'Ecole polytechnique*, 1848-1850. — *Grand officier de la Légion d'honneur* 1853.

têtes du pont, à l'amont, rive gauche, près de l'hôpital militaire, et à l'aval, rive droite, au pied du glacis de l'entrée du polygone :

PONT DIT PONTIFFROY. — Dates historiques :

1840. Construction primitive d'un pont de douze arches, semblables à celles du pont des Morts.

1734. Construction des trois arches actuelles, rive gauche, avec radier général.

1751. Reconstruction des huit arches actuelles, rive droite, avec radier général.

1854. Restauration et élargissement moyen de 8 mètres 10 centimètres des onze arches du pont.

Le pont dit Pontiffroy, construit sur le bras de la Moselle, à l'entrée de Metz, relie ce quartier et celui de Chambière (rive droite) avec le quartier de Fort-Moselle (rive gauche).

On trouve le mot ainsi écrit dans les chroniques : *Pont-Thieffroy*, *Pontifroy*, *Pontiffroy*. Ce nom dérive peut-être du latin *Pons Frigidus* : sa position septentrionale permet, du moins, de le supposer.

Pontiffroy (Rue du). — Jadis *Franconrue*.

Elle n'est séparée du pont du même nom que par une voûte, surmontée d'un cavalier, et par les remparts avec porte et pont-levis, élevés sur l'ancien château fortifié, ainsi que sur le terrain de l'abbaye de l'ordre de Citeaux, transférée, en 1565, dans le voisinage de l'église Saint-Georges (*rue Chambière*).

Les bâtiments occupés maintenant par l'Ecole normale des demoiselles, composaient le nouveau monastère des religieux de Saint-Clément, bâti à la fin du dix-septième siècle sur l'emplacement d'un hôtel appelé *la Licorne*.

L'église, naguère convertie, avec quelques autres dépendances, en magasin des lits militaires et dépôt général des médicaments, a été commencée en 1680 et achevée en 1737 ; elle est précédée d'un portail qu'on considère comme l'un des plus beaux monuments d'architecture moderne de notre ville. Vis-à-vis et à une faible distance de l'entrée de Saint-Clément, vers la place Croix outre Moselle, est un vaste bâtiment ayant servi de monastère aux religieuses de la Congrégation de Notre-Dame.

Préfecture (Place de la). — Anciennement le *petit Saulcy*, ensuite *place de l'Intendance*.

Elle se trouve devant l'habitation du premier fonctionnaire civil, Président de la Lorraine, ancien hôtel construit de 1739 à 1747, pour y loger l'intendant de la province. Le 13 octobre 1803, un incendie consuma les deux tiers de l'édifice, qui furent rebâtis en l'année 1806.

Cet endroit était jadis occupé par des écuries militaires qui régnaient le long d'un canal comblé en 1735, et nommé *Ruilz le Prêtre*, parce qu'il avait été creusé sous la direction de maître *François du Temple*, curé du village de Mey, « principal deviseur et inventeur du pont du Salcey (*Saulcy*) avec sa venne et ses vantals, et premier inventeur des mollins qu'on dit à cette occasion les Mollins le Prestre. »

A la pointe que forme cette place, du côté du pont Saint-Georges, est la promenade dite *Jardin Fabert*, créée sur l'emplacement d'un lavoir qui avait succédé au restaurant appelé le *Palais Royal*, construit sur le terrain de l'hôtel Fabert.

Préfecture (Pont de la). — Jadis *pont des Portières* ou *pont de la Porte aux Chevaux* ou encore *pont près des moulins de la Porte aux Chevaux*[1].

Tient son nom actuel en vertu de l'arrêté du 1er juillet 1816.

Préfecture (Rue du Pont de). — Auparavant *rue du Pont du Saulcy*, ou *rue des Quatre-Tournants*, à cause du moulin ainsi désigné.

Inscription en vieux caractères, relative à la bâtisse des moulins, situés auprès de ce pont, et taillée dans une pierre mise dans la muraille du bâtiment qui les renferme, du côté de la place de la Préfecture :

Au mois de juin de l'an mil cinq cent quarante sept,
par advis et bon sens
Dung chevalier et de deux escuyers,
Ces beaux moulins très bons et singuliers
Pour la cité furent du tout parfaicts.
Le chevalier fut Michel de Gournaix Et Andruin Roucel lung
escuyer.
L'autre Robert de Heu, et l'ouvrier
Qui les parfict en tel an et saison,
Estoit nommé maistre Jehan de Mousson.

[1] Parce qu'il donnait accès à un abreuvoir.

Prisons-Militaires (Rue des). — De la rue de Lasalle à la rue Châtillon, devant Chandellerue.

A été ouverte en 1738.

Doit son nom à la maison de détention pour les militaires, devant laquelle elle passe.

Maison de Correction.

Princerie (Rue de la). — De la rue Taison à Fournirue.

Ainsi nommée parce que le princier de la cathédrale y habitait.

L'hôtel de la Princerie est maintenant le quartier général militaire.

Q.

Quarteau (Place du). — Des rues Saint-Henry et de la Fontaine aux rues Coislin, Royale et du Quarteau.

C'était sur cette place, voisine de la halle au blé, que se faisaient les *quartages* et que s'acquittaient les coupillons [1] ou mesurages et droits dus à l'hôpital St-Nicolas, sur le blé, l'écorce, la feuille désignée indifféremment sous les noms de *guèdre* ou *waude*, pastel servant à la teinture, le sel, la cendre, le charbon, la chaux dite la *calcine*, les fruits, les sons ou *gruxons*, les oignons, le plâtre nommé *gip*, et les tourteaux de lin.

La place du Quarteau, qui était contiguë au vieux

---

[1] C'était la 80e partie de la quarte.

Champ à Seille, avait plusieurs hôtels où pendaient pour enseignes : l'écu d'Allemagne, l'écu de France, l'écu de Lorraine. Ces enseignes rappelaient sans doute que ces hôtels avaient logé de grands personnage. Il y avait encore, proche de cet endroit, la maison des quilles, de l'arbalète, plus tard aussi celle de l'arquebuse ; ce qui montrait que les exercices tendant à développer la vigueur, l'adresse, étaient nombreux à Metz.

Quarteau (Rue du). — De la place du même nom et de la rue des Huiliers à la place Saint-Louis et à la rue du Grand-Cerf.

R.

Ranzières (Rue de la Cour de). — De Fournirue à la rue des Bons-Enfants.

Des maisons de nobles et opulentes familles avaient « issue en la ruelle devant la Cour de Ranzières » qui est le nom d'un particulier.

Anciennement c'était la *rue des Taillandiers* ou fabricants d'outils pour les charpentiers, charrons, laboureurs, etc.

Récollets (Rue des). — De la rue de la Fonderie aux rues des Cloutiers et de la Glacière.

Doit son nom à l'ancien couvent occupé en dernier lieu par ces religieux (aujourd'hui le bureau de Bienfaisance).

Primitivement *sur les Murs*, ensuite, *rue des Cordeliers*. Grand réservoir des eaux de source de Gorze distribuées dans toute la ville.

Richepance (Quai). — Du pont des Morts au Pontiffroy.

Primitivement *quai du Fort-Moselle*.

Porte le nom d'Antoine Richepance, né à Metz le 25 mars 1770, et devenu une de ses plus grandes illustrations militaires.

Roches (Pont des). — De la rue du même nom à la place de la Comédie.

Pour cette raison il est aussi appelé *pont de la Comédie*. A été construit à neuf et terminé en 1739.

Roches (Rue du Pont des). — Devant la place de Chambre.

A été percée en 1739 et porte le nom du pont dont elle est le prolongement.

L'escalier qui conduit aux établissements de bains de la rue des Roches, date de 1755.

Roches (Rue des). — Des rues du Pont de la Préfecture et du quai Félix Maréchal à l'escalier du pont des Roches.

Cette rue est ainsi nommée à cause du terrain sur lequel elle a été tracée.

Royale (Place). — Formée presqu'en totalité sur l'emplacement des anciens fossés et remparts de la Citadelle.

En 1848, on l'a appelée *place de la République*, puis on lui a rendu son ancienne dénomination.

C'est un champ de parade et d'exercice pour les troupes de la garnison.

Royale (Rue). — De la rue de la Fontaine, à travers la place du Quarteau, à la place Saint-Louis.

Ouverte en 1603, pour l'entrée d'Henri IV à Metz, sur une partie des dépendances du Quarteau.

Rue Nationale, en 1848.

S.

Sailly (Pont). — Très-ancien pont établi sur des fondations gallo-romaines. Tire son nom de la rivière de Seille qui passe dessous.

Sailly (Place du Pont). — Entre les rues Mazelle, des Allemands et du Champé.

Sailly (Rue du Pont). — Elle est le prolongement du pont qui lui donne son nom.

Saulcy (Porte du). — Conduit dans une île de la Moselle, occupée en grande partie par la poudrerie et par des chantiers de bois et des magasins à fourrages.

Saulcy (Rue du Rempart du). — De la porte du Saulcy à la rue du Moyen-Pont.

Saulnerie (Rue). — De la rue de la Petite Boucherie à la rue du Paradis et en se continuant à la rue de la Basse-Seille.

tire son nom de cette rivière qu'elle longe, et qui sort de l'étang de Lindre, près de Dieuze, lieu réputé pour ses salines.

Aussi nommée *rue des Tanneurs*.

Depuis un temps immémorial, le commerce de Metz est réputé pour les cuirs qu'il exporte : les eaux douces de la Seille contribuent beaucoup à leur bonne fabrication.

Seille (Pont à) [1]. — Est souvent cité dans les annales du moyen âge, à cause de son voisinage de la place du Champ à Seille, où se donnaient les fêtes et toutes les grandes représentations qui attiraient une multitude d'étrangers.

Seille (Rue du Pont à). — Fait suite immédiate au pont dont elle a reçu le nom.

Seille (Place de la Haute-). — Est ainsi appelée du quai auquel elle aboutit.

Seille (Quai de la Haute-). — Construit en 1754.

Le moulin à farine de la Haute-Seille, ayant quatre paires de meules, mû par la rivière et par une machine à vapeur, appartient aux hospices civils.

Pénitencier militaire en reconstruction.

Seille (Rue de la Basse-). — De la rue Saulnerie au rempart.

Longe le bras de la Seille qui, à son entrée dans la ville, est retenu par plusieurs vannes, pour faire tour-

[1] La prononciation de ces mots par le vulgaire a amené fréquemment des voyageurs à changer la dénomination en *Pont cassé*.

ner des moulins et servir au tannage, et qui va se joindre à la Moselle, à l'extrémité du retranchement de Guise, vis-à-vis de l'île Chambière.

Caserne pour l'infanterie, baignée par la basse Seille, construite de 1726 à 1728, sur un ancien jardin et sur la muraille qui aboutissait au pont de la Grève.

Seille (Rue du Rempart de la Basse-). — C'est en vertu d'un arrêté municipal du 13 novembre 1846 que la voie alors nouvellement établie au pied du rempart, depuis la caserne jusqu'à la rue Saint-Eucaire, a reçu le nom de *rue du Rempart de la Basse-Seille*. Le moulin militaire, à farine, bâti à neuf en 1850, de l'autre côté du pont sur la rivière, a le n° 2; au-dessus de la grande porte d'entrée de la cour de la caserne, se trouve le n° 1; la maison construite derrière Saint-Eucaire, a pris le n° 3.

Les émanations de la Seille, en cet endroit, occasionnaient autrefois de graves maladies; leur effet désastreux a été sensiblement atténué par la construction d'une terrasse qui couvre la rivière et sert de cour et de champ d'exercice.

Serpenoise (Avenue). — Aboutit de la rue à la porte du même nom, par une voûte courbe et très-remarquable, construite sous un grand cavalier.

Longe la place Royale et un corps de la vaste et belle caserne dont l'entrée donne sur la place Royale.

Serpenoise (Porte). — Elle met la ville en communication directe avec la gare monumentale du chemin de fer et le canal, et conduit au Sablon, lieu renommé pour ses cultures maraîchères, et célèbre par son passé historique, sous la domination romaine.

Inscriptions placées, en 1861 :

Porte Serpenoise détruite en 1561, rétablie en 1851.

---

9 Avril 1473
A la porte Serpenoise
Metz surprise par l'ennemi
Est sauvée par le boulanger Harel.

---

28 novembre 1552
Principale attaque de Charles-Quint
Repoussée par le duc de Guise.

Serpenoise (Rue). — De la rue de la Fontaine Saint-Jacques à l'avenue Serpenoise.

Ainsi appelée [1] parce qu'elle longe la voie romaine (militaire et commerciale à la fois) qui conduisait de *Divordure* [2] chez les nations commerçantes du midi de la Gaule.

La rue actuelle a été formée de la rue du même nom et des rues de la Vieille-Boucherie et du Porte-Enseigne (arrêté municipal du 15 juillet 1852).

[1] Originairement *Scarponaise*, du nom de Scarpone la première place importante en allant de Divordure à Reims, alors le centre capital des intérêts de Rome dans la Gaule du nord. Scarpone, ville entièrement détruite, était située en face de Dieulouard, une des stations du chemin de fer de Metz à Nancy.

[2] Nom primitif de Metz. L'historien latin, Tacite, donne à Divodure le titre d'*Oppidum* (ville fortifiée).

Serpenoise (Rue du Rempart). — Commence à la porte Serpenoise et va jusqu'à la rue Châtillon, en passant devant le rempart.

Simplice (Place Saint-). — De celle de Saint-Louis à la rue de la Monnaie et au pont communiquant à la rue de la Grande-Armée.

Cette place, sur laquelle était située l'église Saint-Simplice, après sa démolition (1809), avait reçu le nom de Friedland, en mémoire de la célèbre bataille livrée le 14 juin 1807 et qui amena la paix de Tilsitt.

On l'avait appelée aussi la *place Neuve,* par ce qu'elle joignait la place Saint-Louis.

Ecole municipale établie dans une maison donnée par l'évêque Bienaimé, ainsi que l'indique l'inscription suivante sur une table de marbre posée au-dessus de la porte d'entrée :

A la memoire de Monsieur l'évêque Bienaimé
Qui a légué cette maison
A la ville pour être consacrée
A l'instruction de l'enfance.

Simplice (Pont Saint-). — De la place de ce nom à la rue de la Grande-Armée.

Originairement *pont des Antonistes*, ensuite *pont de la place Saint-Simplice*, enfin *pont d'Iéna*, après la bataille qui fut désignée sous cette dénomination (13 octobre 1806).

Avant la construction du pont Saint-Simplice, il n'existait d'autre communication entre la rue Mazelle et la place Saint-Simplice, que le petit pont en bois élevé sur la Seille et qui aboutissait à la *ruelle du Poncé*, réduite maintenant à l'état d'impasse. Le parcement de la rue des Antonistes (*rue de la Grande-Armée*) donna lieu à la bâtisse du pont en pierre à l'extrémité de cette nouvelle voie.

T.

Taison (Rue). — De Fournirue à la place Sainte-Croix.

Très-ancienne rue. Taison dérive du mot latin *statio*, station.

Etablissement des Frères de la Doctrine chrétienne, sur l'emplacement de l'église Sainte-Croix, supprimée en 1791 et démolie en 1816. L'inscription qui se lit sur la tablette de marbre, au-dessus de la porte d'entrée, rappelle le nom du donateur, l'abbé Claudin.

L'illustre François Barbé, connu sous le nom de Barbé de Marbois, est né le 31 janvier 1745, dans la maison, avec magasin, où pendait pour enseigne le *signe de la sainte Croix*.

Tête d'Or (Rue de la). — Des rues du Petit-Paris, de la Fontaine Saint-Jacques et de Serpenoise à la rue de la Chèvre et à la rue Neuve Saint-Louis.

Considérablement élargie dans sa partie supérieure, en vertu d'un décret du 20 septembre 1809.

A porté de bonne heure ce nom qui lui vient d'une enseigne.

L'hôtellerie de la Tête d'Or était une des plus fréquentées lors des fêtes en tous genres données au moyen âge dans notre ville : tournois à lance émoulue ou brisée, joutes nautiques, feux de joie dans la rue et fanfares dans le clocher de Mutte, plantations de mais, joyeuses cavalcades, processions, représentations de mystères et de farces, noces fastueuses, bals où l'on dansait au son des rebecs, luths, harpes, trompettes et tambourettes.

Mangin, célèbre compositeur de ballades, et le jurisconsulte Cantiuncula ont demeuré dans la rue de la Tête d'Or.

Rue de l'Intendance lorsque l'intendant de la province y eut été logé.

En 1792 *rue de la Liberté*.

Sur l'emplacement de l'ancien collége a été percé le prolongement de la rue de Clairvaux (cette dernière et la rue Neuve sont comprises dans la rue actuelle de l'Evêché).

Des débris importants de constructions romaines (aqueducs, bains, parties de statues, etc.) ont été découverts, à différentes époques, sous la rue et dans des fondations de maisons de la rue de la Tête d'Or.

Therme (Rues du). — Donnent sur Vincentrue et débouchent vis à vis de la rue Chambière.

Emplacement d'anciens bains romains et vestiges de vieille enceinte.

Thiébault (Place Saint-). — Etablie, en 1739, sur d'anciens murs et fossés de ville.

Bâtiments militaires contigus à la fonderie, depuis l'angle de la rue du Neufbourg jusqu'au delà de l'angle de la rue du Rempart Saint-Thiébault.

Thiébault (Porte Saint-). « En 1612 la belle porte de Saint-Thiébault fut faite par les ordres de Messire Faber, maître échevin. En 1739, cette même porte fut entièrement démolie pour agrandir la ville et reconstruite en la même manière, à environ deux cents pas plus loin par les ordres et les soins de M. le Maréchal de Belleisle, gouverneur ».

Elle a la forme d'un arc de triomphe, d'ordre toscan.

Thiébault (Rue Saint-). — De la place Saint-Nicolas à la rue de la Gendarmerie.

D'abord *ruelle des Fossés.*

Son nom actuel conserve le souvenir d'une ancienne église collégiale ainsi appelée, et qui exista d'abord au dehors de la ville.

Thiébault (Rue du Rempart Saint-). — De la place du même nom à la Rue du Rempart Serpenoise.

Thionville (Porte de). — A la suite de la rue de l'Hôpital Militaire.

Tour aux Rats (Place de la). — Elle tient ce nom d'une tour voisine « sans doute ainsi appelée à cause de l'abondance des rats qui lui venaient de la rivière. »

Cette tour servait de dépôt d'armes.

Tour aux Rats (Rue de la). — De la place de ce nom à la rue du Pontiffroy.

Trinitaires (Rue des). — Elle doit son nom à l'ancienne maison dite la Trinité ou des Trinitaires, dont il reste l'église convertie en temple protestant.

« Depuis 1552, les Trinitaires n'ayant aucune demeure fixe, il plut à Charles, cardinal de Lorraine, évêque de Metz et abbé de Gorze, de leur donner la maison dépendante autrefois de l'abbaye de Gorze dont elle était l'hôtel principal et que l'on nomme la *cour Dorée* (et par altération) la *cour d'Orme* [1], située rue, place et haut de Sainte-Croix (23 février 1561). L'église fut rebâtie en 1720, et le corps de logis quelques années après. Dans la construction de tous ces bâtiments, on a découvert des fondations anciennes et des restes de murs construits et cimentés comme l'aqueduc de Jouy-aux-Arches, et comme les restes que l'on découvre au palais épiscopal (*place de*

---

[1] Dépendance de l'ancien palais des rois d'Austrasie qui fut définitivement abandonné, sous le règne de Charlemagne. A partir du Xe siècle, la *maison Dorée*, bâtie sous la domination romaine, sur *l'ancien mont de Jupiter*, occupée ensuite par les rois de Metz, puis par Drogon, fils de Pépin d'Héristall, Charles-Martel et son fils Carloman, maires du palais en Austrasie, n'offrit plus que des ruines de pierres, de marbres et de colonnes, matériaux tout préparés pour construire et orner d'autres monuments.

Des fouilles exécutées à différentes époques en cet endroit, et en dernier lieu pendant l'année 1875, pour la continuation du réseau des égouts de la ville, ont mis à jour des murailles et des débris dont quelques-uns portant l'empreinte d'une décoration somptueuse justifient, encore de nos jours, le nom pompeux de *maison Dorée* consacré par la tradition.

la Cathédrale) et à l'abbaye de Sainte-Marie, et que l'on dit être des vestiges de bâtiments romains. »

Bas-relief gallo-romain[1] dans le mur extérieur de la chapelle des Carmélites, à l'angle de l'impasse des Trinitaires qui conduit au porche de l'ancien hôtel de la famille Chaverson. Cette ruelle longe la maison des Carmélites dans laquelle se trouvent aussi des restes intéressants de constructions antiques.

Tour conservée du vieil hôtel dit de Saint-Livier (n° 1 bis).

V.

Vignotte (Rue de la). — De la rue Saint-Marcel à la rue de Belleiste.

C'était autrefois un terrain planté de vignes, et possédé par le couvent des Pucelles, d'où lui est venu son nom.

Vincent (Place Saint-). — Créée en 1740.

A reçu son nom de l'église voisine dont les fondements ont été jetés en 1248. C'est un édifice ogival à nef élancée, fort beau, auquel a été accolé, en 1755, un portail composé des ordres dorique, ionique et corinthien.

Vincent (Rue Saint-). — A été formée la même année que la place de ce nom à laquelle elle aboutit.

---

[1] Il représente un animal de forte taille luttant contre une meute furieuse. Grégoire de Tours donne la description de ce genre particulier de spectacle dans son *Hist. Fr.* L. VIII, c. 8.

Vincentrue. — De la rue du Pontiffroy à la rue Goussaud.

De formation assez ancienne, Vincentrue prit le nom du monastère de Saint-Vincent auquel elle conduisait.

Vivier (Rue du). — De la rue des Jardins à la place de Chambre.

C'était autrefois le chemin qui menait au vivier des chanoines de la cathédrale.

Cette rue a encore sa pente extrêmement raide.

Wad (Rue du Grand-).
Wad-Billy (Rue du).
Wad-Bouton (Rue du).

Les trois rues du Wad, presque parallèles, à une distance de quelques mètres l'une de l'autre, ont chacune leur entrée rue Mazelle et issue sur le rempart des Allemands.

Jadis on se servait pour indiquer chaque maison d'une désignation particulière. Ainsi l'on disait la *grande maison*, la *maison du Wad*, c'est-à-dire la *maison du Garde*. Longtemps le lieu compris sous le nom actuel des *trois rues du Wad*, conserva un caractère champêtre.

Le mot *Wad* ici peut être aussi synonyme de *gué*, en latin *vadum*.

Billy (autrefois Bugley ou Bugly) et Bouton sont les noms de deux anciennes familles messines.

Nancy et Saint-Nicolas. — Typ. et lith. de N. Collin.

www.ingramcontent.com/pod-product-compliance
Lightning Source LLC
LaVergne TN
LVHW050622090426
835512LV00008B/1617